Markus Hengstschläger

DIE DURCHSCHNITTSFALLE

Markus Hengstschläger

DIE DURCHSCHNITTS-FALLE

Gene – Talente – Chancen

ecowin

Markus Hengstschläger
Die Durchschnittsfalle
Gene – Talente – Chancen

FSC
www.fsc.org
MIX
Papier aus ver-
antwortungsvollen
Quellen
FSC® C012536

Das für dieses Buch verwendete FSC-zertifizierte Papier
EOS lieferte Salzer, St. Pölten.

© 2012 Ecowin Verlag, Salzburg
Lektorat: Dr. Arnold Klaffenböck
Gesamtherstellung: www.theiss.at
Gesetzt aus der Sabon
Printed in Austria
ISBN 978-3-7110-0022-4

8 / 14 13 12

www.ecowin.at

Wussten Sie, dass ...

... Individualität die einzige Möglichkeit ist, sich auf Fragen aus der Zukunft, die wir heute noch nicht kennen, vorzubereiten?

... umso schwieriger die zu lösende Aufgabe ist, umso individueller die Mitglieder des Teams sein sollten?

... Migration Teil der Evolution ist?

... genetisch eigentlich keine menschlichen Rassen existieren?

... der Mensch individuell ins Leben geht und sich sein Leben lang gegen Gleichmacherei wehren muss?

... der Durchschnitt die größte Gefahr für eine erfolgreiche Zukunft ist, weil er zu keinen Spitzenleistungen fähig ist?

... der Durchschnitt auch ungerecht ist, weil er keinem einzigen Individuum wirklich entspricht?

... der Durchschnitt eine evolutive Sackgasse ist und wir trotzdem gerade mit Vollgas in diese Gasse fahren?

... der Durchschnitt ein Würfel ist, bei dem jede Seite dieselbe Augenzahl hat?

... Kinder nicht sein dürfen (können) wie ihre Eltern?

... jeder Mensch mehrere Talente hat?

... es eigentlich keine besseren oder schlechteren Talente geben kann?

... Ihre persönlichen Talente vielleicht mehr zur Lösung zukünftiger Probleme beitragen als die von Plácido Domingo oder Lionel Messi?

... Erfolg immer das Produkt aus Genetik und Umwelt, aus individuellen Leistungsvoraussetzungen und harter Arbeit ist?

... kein Erfolg von nur einem Talent abhängt?

... Erfolg stets das Ergebnis vieler besonderer Leistungen ist, wofür es notwendig ist, viele verschiedene oft auch dünne Schnüre an Leistungsvoraussetzungen zu entdecken und durch harte Arbeit zu einem dicken Seil zusammenzudröseln?

... Kreativität, intellektuelles Leistungsvermögen (IQ), Empathie und Temperament besondere individuelle Leistungsvoraussetzungen des Menschen sind, die sich im Laufe eines Lebens kaum verändern, für die genetische Faktoren bekannt sind und die für die Erreichung jeder besonderen Leistung (= Erfolg) von größter Relevanz sind?

... es auch ein Talent zum Glücklichsein gibt, das durch harte Arbeit entwickelt und umgesetzt werden muss?

... man Talente verschwendet, wenn man sich nur mit der Reproduktion von Bekanntem beschäftigt, ohne kreativ Neues dabei zu schaffen?

... wer den Wert einer gegenwärtigen Leistung für die Zukunft einschätzen will, die Vergangenheit kennen muss?

… die Psyche starken Einfluss auf die Verwendung unserer Gene nimmt?

… man auf seine Gene pfeifen kann (oder muss)?

… die Umsetzung besonderer Leistungsvoraussetzungen in Erfolg nicht extrinsisch erzwungen werden kann?

… bildungsferne Schichten zur Bildung geführt werden müssen, nicht um den Durchschnitt zu heben, sondern um mehr Talente entdecken / fördern zu können?

… einen neuen Weg nur gehen kann, wer den alten verlässt?

… wir die Norm dadurch endlich obsolet machen sollten, indem es unser aller Ziel wird, von der Norm abzuweichen?

… wenn alle verschieden sind, keiner mehr auffällt?

… es nicht eine Elite gibt, sondern so viele Eliten wie Menschen?

… es wieder „in", „cool", „erstrebenswert" werden muss, anders zu sein und hart und viel an der Perfektionierung einer Sache zu arbeiten, damit ein kumulativer Flow-Zustand in unserer Gesellschaft entstehen kann, der uns zukunftsfähig macht.

.

Für alle Lillebrors,
denen ihr weltbester Karlsson vom Dach
manchmal sehr auf die Nerven geht.

(Karlsson ist eine Kinderbuchfigur von Astrid Lindgren, ein kleiner Mann – in den besten Jahren, wie er selbst von sich sagt, der mittels eines Propellers auf seinem Rücken fliegen kann. Karlsson ist befreundet mit dem schüchternen Jungen Lillebror, den er oft sehr rechthaberisch behandelt und dem er viele Dinge kaputt macht – „Das stört doch keinen großen Geist". Und doch hilft diese Freundschaft Lillebror, seinen individuellen Weg mutiger und selbstsicherer zu gehen.)

Leserhinweis

Um die Lesbarkeit des Buches zu verbessern, wurde darauf verzichtet, neben der männlichen auch die weibliche Form anzuführen, die gedanklich selbstverständlich immer mit einzubeziehen ist.

Inhaltsverzeichnis

Prolog

Das aktuell Erstrebenswerteste, was man offensichtlich über die (seine eigene) nächste Generation sagen möchte, scheint eher eine Beschreibung idealisierter Unsichtbarkeit zu sein. „Wie geht es Dir mit Deinem Sohn?", fragt der eine Vater den anderen. Die immer öfter gegebene, weil auch immer öfter gewünschte Antwort darauf: „Meiner? Herrlich, großartig ... so angenehm. Weißt Du, wir haben keinerlei Probleme mit ihm ... so angenehm ... der fällt überhaupt nicht auf, immer schön im Durchschnitt. Der ist noch nie unangenehm aufgefallen. Bitte, er ist auch noch nicht besonders angenehm aufgefallen. Hauptsache ist aber doch – nicht auffallen. Das macht doch nur Probleme – für ihn und für uns. Nein, so etwas macht meiner mir nicht!" (Un)auffällig unauffällig – der Traum aller Erziehungsberechtigten, Erziehungsverpflichteten.

Was mich daran stört? Warum ein Buch darüber? Weil diese beiden Väter das größte Kapital für die Zukunft unseres Planeten verschleudern. Sie meinen: Ach was, das größte Kapital sind Rohstoffe und billige Arbeitskräfte? Zugegeben, höre ich auch des Öfteren. Aber wir wissen doch alle, die gehen uns schneller aus, als uns lieb ist. Das größte und einzige Kapital, auf das sich verlässlich und nachhaltig bauen lässt, ist die Individualität unseres Humankapitals.

Ein System, in dem alle Teile möglichst nah an einem gemeinsamen Durchschnitt sind, ist für die Zukunft in keinerlei Weise gerüstet. Selbst wenn man denkt, einen hohen Wert anzustreben. Das Problem ist die fehlende Varianz, die fehlende Individualität. Wenn in der Zukunft ein Problem auftaucht, das das System nicht kennt oder eben noch nicht kennt, so wird der Durchschnitt – und in diesem Fall damit alle (weil ja schließlich alle nah am Durchschnitt und daher sehr ähnlich wären) – keinerlei Antwort darauf bieten. Wenn das System aber eine höchstmögliche Streuung aufweist, also von Verschiedenartigkeit und Individualität nur so strotzt, wird vielleicht einer, oder auch ein zweiter, mit seinem individuellen Ansatz, mit seinen ganz eigenen Denkmustern eine Antwort finden können. Fragen, die aus der Zukunft auf uns zukommen, die wir heute (logischerweise) noch nicht kennen, werden dann von einem durchschnittsorientierten System beantwortet/gelöst werden können, wenn sie möglichst nah am Vorstellbaren, Kalkulierbaren, Einschätzbaren und Voraussehbaren sind. Aber was an der Zukunft ist schon wirklich vorstellbar, kalkulierbar, einschätzbar und voraussehbar? Eben.

Sie werden sagen, was soll's? Wer macht das schon? Wer orientiert sich denn schon am Durchschnitt? Das könnte doch nur jemand tun, der dumm genug wäre zu glauben, die Fragen der Zukunft heute schon zu kennen. Das könnte doch nur jemand tun, der dumm genug wäre zu meinen, heute schon wissen zu können, was wir morgen wirklich brauchen, was morgen auf uns zukommt. Leute, die das von sich behaupten, sitzen üblicherweise in kleinen Hinterzimmern oder Zelten eines Wanderzirkus vor einer Glaskugel, leise, verraucht und ehrfurchtsvoll die Worte hauchend: „Ich sehe in Ihrer Zukunft einen Mann, schön, reich, klug und Ihnen jeden Wunsch von den Lippen ablesend!"

Wer also ist dumm genug, sich an einem in der Verzweiflung des Gefechtes erfundenen und dann auch noch als ideal postulierten Durchschnitt zu orientieren? Ein Schulsystem, das die Schüler anhält, doch dort am meisten zu lernen, wo sie die schlechtesten Noten haben, um sich auf Kosten jener Zeit, die sie mit ihren Stärken hätten verbringen können, doch rasch wieder im Durchschnitt einzureihen? Ein Schulsystem, das glaubt, das Entscheidende sei, dass am Ende alle das Gleiche können? Universitäten, die ihre Studenten danach aussuchen wollen, wie gut ihr Notendurchschnitt in der Schule war? Universitäten, die gerade zu

Schulen werden mit dem Ziel, möglichst viele Studenten möglichst schnell, möglichst günstig, möglichst ohne Verluste (möglichst niedrige Drop-out-Quote), möglichst durchschnittlich auszubilden? Eine Bildungspolitik, die alles daran setzt, bildungsferne Schichten zur Bildung zu bringen, um den Durchschnitt zu heben? Eine Einwanderungspolitik, die heute schon weiß, welche Fachkräfte, welches Know-how wir morgen in unserem Land brauchen werden? Das kommt Ihnen alles irgendwie bekannt vor? Nun, dann wissen Sie ja schon, warum etwas dazu gesagt, warum etwas darüber geschrieben werden muss. Weil der Durchschnitt so hilflos ist. Weil der Durchschnitt niemals besondere Leistungen erbringen wird. Weil der Durchschnitt kein Instrument zur Beantwortung noch ungelöster Fragen ist. Weil Anderssein viel besser ist. Weil es nicht darum geht, besser zu sein, sondern anders zu sein. Und weil wir gerade im Begriff sind, unsere Individualität aufs Spiel zu setzen. Eben. Ich möchte Sie jetzt an dieser Stelle am Anfang des Buches nicht gleich überfordern, indem ich Ihnen all jene Beispiele, die man aktuell beobachten kann, aufzähle, die das mir unverständliche Streben nach dem Durchschnitt belegen würden. Ich weiß ohnedies, dass Sie die meisten davon (und wahrscheinlich noch viel mehr) kennen. Vielleicht halten Sie einmal kurz inne und überlegen sich selbst, wo Sie in Ihrer unmittelbaren Umgebung mit „zu viel Durchschnitt" konfrontiert sind oder waren.

Anders zu sein und möglichst viele andere (Andersartige), Verschiedene im System zu haben ist die mächtigste Eigenschaft (um nicht zu sagen Waffe) auf dem spannenden, aber eben auch herausfordernden Weg in die Zukunft. Niemand weiß, wie die Zukunft aussieht. Niemand weiß heute schon, welche Fähigkeiten wir eines Tages zur Lösung der noch kommenden Probleme benötigen. Ein Grundelement der Zukunft ist, dass sie Neues bringt, uns noch nicht Dagewesenes an den Kopf wirft, ohne Rücksicht auf unseren aktuellen Stand des Wissens. Daher kann auch niemand behaupten, der eine (das eine) wäre heute wichtiger und förderungswürdiger als der andere (das andere). Wer heute wertet, wer heute von sich behauptet zu wissen, was wir wirklich brauchen werden, der sollte wohl idealerweise eine Glaskugel haben und zumindest jemanden finden, der ihm Glauben schenkt. Niemand kann heute beweisen, was besser ist und sein wird, weil man die Zukunft nicht kennt. Niemand kann heute behaupten, was nötiger ist und sein wird, weil man die Zukunft nicht kennt. Und so lange das so bleibt (und wer glaubt schon, dass sich das jemals ändern wird), besteht die einzige Chance darin, sich auf die Zukunft vorzubereiten, möglichst viele im System zu haben, die anders sind.

Wer einen neuen Weg gehen will, muss den alten verlassen. Individualität ist das höchste Gut, wenn es darum geht, sich auf die Zukunft vorzubereiten. Der Durchschnitt erbringt keinerlei wissenschaftliche Spitzenleistungen, die wir für eine erfolgreiche Zukunft so bitter nötig haben werden. Der Durchschnitt erbringt aber auch keine sportlichen Spitzenleistungen, keinerlei künstlerische Ausnahmeleistungen und natürlich auch keine innovativen politischen Lösungen. Der Durchschnitt ist sinnlos und gefährlich, weil er so manche in dem Glauben wiegt: „Wenn es die anderen auch so machen, wenn die anderen auch nicht anders sind, dann kann mir ja nichts passieren." Nicht nur, dass es heute sehr beliebt ist, wenn die nächste Generation nicht auffällt. Es ist außerdem mehr als beliebt, selbst nicht aufzufallen. Nichts – so glaubt so mancher – macht stärker, als als Tropfen im großen Meer des Durchschnitts aufzugehen. Nichts – so irren so viele – macht stärker, als sagen zu können, „wir" (und nicht ich). Die Sehnsucht, sich hinter einer Phalanx Gleichgesinnter zu verstecken, war wohl noch nie so groß: „Wir – die Briefmarkensammler, wir – die Gartenzwergsammler, wir – die Sammler der Rechten, wir – die Linkensammler, wir – die Katholensammler, wir – die Protestantensammler, wir – die Zinnsoldatensammler, wir versammeln uns und beschließen, was für uns gut ist. Was für eine unglaubliche Freude und Macht, dass es mehr von unserer Sorte

gibt." In Wirklichkeit sollten wir alles daran setzen, eine (An-)
Sammlung von Individuen zu sein/werden mit dem höchstmög-
lichen Grad an Anderssein. Eben und darum ein Buch.

Aber warum von einem Biologen und Genetiker?

Einerseits, weil das Wissen um die Macht der Individualität
die Konsequenz des wohl erfolgreichsten Konzepts überhaupt ist.
Und dieses Konzept, das es ermöglichte, durch eine ständig aktive
Interaktion aus Genetik und Umwelt einer „Urpfütze" zu entfliehen und über einen steinigen und mit so manchem Getier ge-
pflasterten Weg letztendlich beim Homo sapiens anzukommen,
ist nun mal ein biologisches beziehungsweise genetisches. Die
unglaubliche Kraft der Individualität und die Aussichtslosigkeit
des Durchschnitts sind gleichermaßen Antrieb und Ergebnis der
Evolution. Der Durchschnitt ist eine evolutive Sackgasse – und
wir fahren gerade mit Vollgas hinein.

Und andererseits stellt die Individualität unseres Humankapitals, auf die wir bauen müssen, immer das Ergebnis der Wechselwirkung zwischen Genetik und Umwelt dar. Der Mensch ist
individuell, weil er genetisch individuell ist und weil er seine individuellen Umwelteinflüsse hatte und hat. Wohingegen unsere
genetische Individualität wohl (noch, solange Ideen um einen
Klonmenschen Dolly nicht wieder aufflackern) unantastbar ist
und bleibt, ist es die Individualität, Verschiedenartigkeit und
Streuungsbreite unserer Umwelteinflüsse, die wir uns gerade
selbst dezimieren. Leider vor allem auch mit negativen Auswir-
kungen auf die Nutzung unserer individuellen biologischen Leistungsvoraussetzungen.

Sie haben natürlich schon erkannt, dass es mir um das Enga-
gement geht, mit dem wir darangehen, unsere individuellen Talente zu finden und es ihnen zu ermöglichen, sie optimal umzusetzen. Das Ergebnis ist in solch einem Ansatz notgedrungen immer individuell – es muss individuell sein und es muss es auch
bleiben dürfen. Jeder muss daher möglichst anders sein. Dass
Talent oft auch eine genetische Komponente hat, ist akzeptiert:

Talentiert wird man selten nur durch seine Lehrer. Der Streit um die Frage, wie stark die genetische Komponente dabei ist, bleibt ein akademischer und aus meiner Sicht entbehrlicher. Zumeist handelt es sich ohnedies nur um eine Frage des Standpunkts. Steht man mehr auf der Seite der besonderen individuellen Leistungsvoraussetzung, mit der jeder Mensch zur Welt kommt, so müssen die Gene stark unter Verdacht stehen. Steht man aber mehr auf der ergebnisorientierten Seite, so wird vollkommen klar: Erfolg ist ausnahmslos die Konsequenz aus der Wechselwirkung zwischen Genetik und Umwelt. Talente als genetisch zumindest mitbestimmte besondere Leistungsvoraussetzungen gibt es – sie entziehen sich aber eigentlich der Messbarkeit. Beobachten, bestimmen und messen kann man sehr oft nur den Erfolg – das Produkt aus Genetik und Umwelt.

Ich gebe gerne zu, dass das jetzt etwas viel auf einmal war. Ich versuche es noch zu verdeutlichen: Zwei Menschen, die zum Beispiel in Bezug auf ihre musische Ausbildung genau die gleiche Umwelt hätten, genau gleich viel gelernt, geübt und gearbeitet hätten, mit genau den gleichen Lehrern, würden wahrscheinlich trotzdem niemals „gleich" oder „gleich gut" singen. Ich hoffe, ich konnte das klarmachen: Die Stimme des Menschen hat ohne Zweifel biologische Komponenten, wie etwa die Länge der Stimmbänder, der Aufbau des Kehlkopfes, die umgebenden Muskeln – alles ausgesprochen individuelle und verschiedene Aspekte. Und trotzdem, ohne zu üben, üben, üben kann es nie etwas werden mit der Gesangskarriere. Jetzt haben Sie sicher verstanden, was ich meine. Der Mensch startet sein Leben nicht als Tabula rasa. Wer glaubt wirklich, dass jeder singen kann wie Elīna Garanča, oder jeder Fußball spielen kann wie Lionel Messi, oder dass in jedem von uns ein Albert Einstein steckt – es hängt nur von der Ausbildung und vom Einsatz ab? Besondere genetische Leistungsvoraussetzungen gibt es und ich werde so manche in diesem Buch diskutieren. Viel wichtiger aber ist letztendlich die oben erwähnte ergebnisorientierte Sicht. Wenn wir uns auf die

Mondlandung ist keine Frage des Alters, der Religion, der Haut-
farbe oder der geografischen Herkunft – jedoch eine Frage der
Individualität, der Chance, seine individuellen Leistungsvoraussetzungen zu entdecken und umzusetzen. Wann auch immer, wo
auch immer, wie auch immer.

Markus Hengstschläger   Perchtoldsdorf, Wien, Kitzbühel 2011

Individualität als Schlüssel zum Erfolg

Die Gefahr des Gleichen

Ich weiß, dass wir alle genügend damit zu tun haben, die Probleme des Alltags, die Probleme, die wir kennen, weil wir sie ja schon haben, zu lösen. Spannender ist es aber doch, sich mit Problemen der Zukunft zu beschäftigen. Einerseits, weil wir sie eben noch nicht kennen. Weil wir daher zumeist keine Lösungsvorschläge in der Schublade haben und in den seltensten Fällen jemand kennen (können), der das Problem schon einmal hatte und daher eine Vorlage zum Abpausen für uns parat hält. Andererseits aber auch, weil es weitsichtig, innovativ und vorsorgend ist, sich mit Problemen der Zukunft zu beschäftigen.

Das Unwohlsein bei so manchen im Auditorium, wenn ich solche Ideen präsentiere, zeigt mir immer wieder klar, wie wenig präsent in unserem Denken die Beschäftigung mit der Zukunft ist. Sich mit Problemen der Zukunft auseinanderzusetzen, die wir heute natürlich noch nicht kennen! Und dann auch noch jetzt Lösungsvorschläge dafür zu entwickeln -- Lösungsvorschläge im Hier und Jetzt für Probleme aus der Zukunft, die wir nicht kennen! Das kann auch nur ein Genetiker tun wollen! Ich hoffe, dass Sie mir, wenn nicht jetzt schon, so zumindest nach Lesen dieses Buches recht geben, dass dies das Wesentlichste ist, was wir eigentlich zu tun haben. Für uns, aber vor allem für unsere Kinder und alle darauffolgenden Generationen! Und hier auch schon mein Lösungsvorschlag für alle zukünftigen Probleme: Individualität!

So -- damit habe ich das Wichtigste bereits gesagt und das wäre es auch schon wieder. Natürlich, Sie haben recht: Das muss erklärt werden. Ich werde in diesem Buch für viele Thesen biologische Beispiele zur Erklärung und Untermauerung verwenden. Nicht etwa aus dem Grund, an den Sie jetzt gerade denken: „Der kennt ja eh keine anderen!" Stimmt schon, aber … ich bin wirklich zutiefst davon überzeugt, dass Argumentationen aus der Biologie in der Tat die besten für das noch zu Sagende sind. Ich muss an dieser Stelle aber auch darauf hinweisen, dass ich die Beispiele natürlich sehr adaptieren werde, um damit noch klarer zu verdeutlichen, worauf es mir ankommt.

Lassen Sie mich mit einem Beispiel beginnen, das ich selbstverständlich – und Sie werden das sofort erkennen – für meine Argumentation sogar massiv adaptiert habe. In Pfützen lebt ein ganz kleines vielarmiges Wesen namens Hydra. Die Süßwasserpolypen Hydra gehören zur Klasse der Hydrozoen (Hydrozoa), die wiederum zum Stamm der Nesseltiere (Cnidaria) zählen. Nehmen wir einmal an, in unserer Pfütze lebt eine einzige Hydra. Der Süßwasserpolyp schaut sich um, stellt fest, er ist da ganz allein, und es ist ausgesprochen fad. (Ich habe Ihnen ja gesagt, dass meine Beispiele so stark verfremdet sind, dass man sich zu Recht fragen kann, was das jetzt eigentlich noch wirklich mit Biologie zu tun hat – ein kleiner Polyp, dem fad ist?)

Wenn der Hydra also richtig fad ist, und sie findet kein zweites Tier in ihrer Pfütze, dann kann sie etwas dagegen tun, was wir in keiner Weise und unter gar keinen Umständen tun könnten. Sie kann sagen, hier ist es fad so ganz allein, jetzt pflanze ich mich einfach fort. Alles ignorierend, was Ihnen gerade an Mühsal, Strapazen, ökonomischen Aufwendungen und üblicherweise notwendigen Überredenskünsten so einfällt, was normalerweise mit der Idee „Jetzt pflanze ich mich fort" verbunden ist, fängt der Süßwasserpolyp einfach ganz allein an, sich fortzupflanzen. An ihm selbst noch anhaftend, beginnen kleine Ausstülpungen zu neuen Tieren heranzuwachsen. Nachdem sie eine bestimmte Größe erreicht haben, lösen sie sich vom Muttertier ab und leben als eigenständige Hydren weiter. Aus genetischer Sicht ist hier einmal grundsätzlich noch nichts dazugekommen oder verloren gegangen. Die neuen Tierchen sind genetisch identisch mit dem ersten Tier (Sie erinnern sich, dem fad war). Das Tier lebt quasi in vielen Teilen von sich selbst weiter. Es können theoretisch unzählige Hydren entstehen, die aber alle genetisch identisch sind (geklont – wenn auch das ein etwas anderer Prozess ist). Man nennt diese Art der Fortpflanzung ungeschlechtlich oder asexuell. Und, wie schon gesagt, wir können das nicht.

Nehmen wir hypothetisch an, das Tierchen pflanzt sich asexuell weiter und weiter fort – das Ergebnis wäre doch eigentlich so schlecht nicht. Einerseits wäre das eine gegenwärtige Problem gelöst – jetzt sind viele Hydren in der Pfütze und es wäre nicht mehr fad. Und andererseits? Betrachten wir es einmal aus der Sicht einer Firma, die ein bestimmtes Produkt an den Mann bringen will. Der Markt (die Pfütze) ist leer und unerschlossen. Die Firma glaubt an ihr Produkt (auch die Hydra glaubt an sich – es hat ihr ja auch noch nie jemand gesagt, dass mit ihr irgendetwas nicht stimmen könnte – sie war schließlich bis vor Kurzem noch ganz allein in ihrer – unserer – Pfütze). Nun, wenn der Markt noch unerschlossen ist und ich glaube an mein Produkt, warum sollte ich mein Produkt dann nicht möglichst kopiengetreu, möglichst effizient reproduzieren? So lange und so oft, bis der Markt voll mit meinem Produkt ist. Das hätte schließlich auch noch die marktwirtschaftlich angenehme Tatsache zur Folge, dass mein Markt jetzt mit Millionen meiner Produkte so voll ist, dass gar kein anderes Produkt mehr in diesen Markt eindringen kann. Was kann es Besseres geben? Zugegeben, die Probleme der Gegenwart scheinen gelöst zu sein. Für die Zukunft ist solch ein System aber sehr schlecht gerüstet, vorausgesetzt es wären wirklich alle Nachkommen untereinander und auch mit dem Muttertier vollkommen identisch. Das Problem dieses Systems wäre die vollkommen fehlende Individualität! Ein derartiges System hätte ein paar Probleme der Gegenwart gelöst, wäre aber unglaublich anfällig unter neuen aus der Zukunft kommenden Bedingungen.

Gesetzt den Fall, es käme aus der Zukunft ein Problem, das die Pfütze und ihre Bewohner so noch nie hatten. In der Tat ist die Hydra ein sehr sensibles Tier, was auch dazu geführt hat, dass sie als Indikator, als Anzeiger etwa für Wasserverunreinigungen mit Schwermetallen und anderen Schadstoffen zum Einsatz kommt. Nehmen wir an, es ist aus ungeklärten Gründen in der Pfütze einfach zu warm geworden. Die Wassertemperatur steigt unnatürlich hoch an und der erste Polyp stellt fest: „Dafür bin ich biologisch nicht ausgerüstet. So ein Problem hatte ich noch nie." Die Hydra kann sich gegen diese Veränderung aus der Zukunft, die sie bisher noch nicht kannte, nicht wehren und muss sterben. Aber wer muss noch sterben?! Wenn als Konsequenz asexueller Fortpflanzung alle Tierchen in unserer Pfütze (mehr oder weniger) vollkommen gleich sind. Wenn keinerlei (oder kaum) Individualität herrscht! Wenn das erste Tierchen das nicht aushält, dann halten es natürlich alle anderen auch nicht aus. Und ... das erste Problem, die erste Veränderung aus der Zukunft, wovon man (die Hydren) natürlich nicht wusste, dass es kommt, ja dass es überhaupt jemals existieren könnte, führt dazu, dass alle Hydren sterben! Die Pfütze ist leer. Verlustig gegangen all jener Tierchen, für die sich das erste so abgemüht hat. Aber auch das erste Tierchen stirbt. Und die Pfütze ist plötzlich vollkommen leer. Dieser Markt ist für mein Produkt für immer verloren! Ich hoffe, dieses zugegeben etwas stark modifizierte Beispiel (vor allem auch, weil asexuelle Fortpflanzung aufgrund zufälliger Mutationen in Wirklichkeit durchaus auch eine gewisse Individualität mit sich bringt) konnte Ihnen doch klar verdeutlichen, wie anfällig ein System ist, in dem keinerlei Individualität herrscht, in dem alle und alles gleich ist.

„Ich muss mich halt auf die Zukunft gut vorbereiten!", könnte der eine oder andere jetzt kontern. Aber wie kann man sich auf die Zukunft vorbereiten, wenn man sie (ausgenommen man hat eine Glaskugel und entsprechend zahlungswillige und manipulierbare Kundschaft) doch niemals voraussagen kann?

Kein Sex ist gefährlich?

Nun, wie kann man es aber besser machen? Wie bereitet man sich jetzt wirklich auf Fragen aus der Zukunft vor, von denen man heute nicht weiß, wann sie kommen und wie sie aussehen? Der wohl berühmteste (und das zu Recht, weil wohl auch bedeutendste) biologische Forscher aller Zeiten, Charles Darwin, hat die Antwort darauf entdeckt und 1859 in seinem Buch „On the Origin of Species by Means of Natural Selection, or the Preservation of Favoured Races in the Struggle for Life" beschrieben. Er würde mir jetzt auf die Schulter klopfen und sagen: „Etwas schnell und stark vereinfacht." Aber trotzdem, eine seiner Hauptentdeckungen könnte zu dem folgenden (aus biologischer Sicht nicht wirklich umsetzbaren) Ratschlag an die Hydra, der fad ist, führen. Wenn sie sich wirklich für die Zukunft rüsten möchte, so muss sie wohl oder übel aus ihrer Pfütze, in der in unserem Beispiel sonst ja kein zweites Tierchen war, raus und in eine andere Pfütze rein. In dieser anderen Pfütze befindet sich auch eine Hydra, die allerdings genetisch nicht ganz identisch mit dem ersten Tierchen ist, und der von mir aus auch fad ist. Und jetzt muss das wandernde Tierchen die andere Hydra überreden, sich doch gemeinsam über Teamwork fortzupflanzen: Du gibst die Hälfte und ich gebe die Hälfte. Ja, das kommt Ihnen jetzt bekannt vor. Jetzt redet er von Sex und was Sie schon immer einmal darüber wissen wollten (hätten sollten). Freilich, Sie kennen gute Gründe, warum sexuelle Fortpflanzung viel besser ist als asexuelle. Ich muss Sie enttäuschen, das, worum sich unsere Gedanken so oft und vielschichtig drehen, ist alles nur Beiwerk. Jetzt kommt der wirkliche Grund für Sex.

Jede Generation muss sich von der vorigen unterscheiden

Nicht nur die Hydra kann sich asexuell fortpflanzen. Weil Bakterien, die sich ungeschlechtlich fortpflanzen, den größten Anteil der Biomasse auf unserem Planeten ausmachen, ist auch die größte Zahl an Organismen an Sex nicht so sehr interessiert wie Sie, liebe Leser. Wie oben beschrieben, führt asexuelle Fortpflanzung dazu, dass alle Nachkommen das Genom, das Erbgut ihrer Erzeuger besitzen. Sie sind daher, zufällige aber durchaus wichtige Kopierfehler, die zu genetischen Varianten führen (können), einmal ausgenommen, alle identisch. Bei sexueller Fortpflanzung erhält die nächste Generation die Hälfte von seinem Vater und die andere Hälfte von der Mutter. Per Definition ist daher das Kind immer etwas vollkommen Neues – entstanden aus zwei Hälften der Eltern. Bei jedem Kind wird neu gemischt. Was wer der Eltern an das Kind weitergibt, wird jedes Mal neu entschieden. Wer mehr als ein Kind hat, weiß, wovon ich rede. Kein Kind gleicht dem anderen. Jedes ist individuell, auch wenn es von demselben Elternpaar abstammt.

Es ist immer wieder ein Wunder zu sehen, dass zweimal das Gleiche zu tun zu so unterschiedlichen Ergebnissen führen kann. Diese Individualität entsteht einerseits durch die zufällige Weitergabe immer wieder verschiedener Hälften und andererseits wird auch wirklich bei jeder Entstehung neuen individuellen Lebens genetisch neu gemischt. Durch diese Vorgänge, auch Rekombination genannt, ergeben sich immer wieder individuelle, noch nicht dagewesene Neukombinationen. Die nächste Generation ist also das Produkt aus Zufallsmutationen, zufälliger Mischung zweier Hälften und auch noch anderer Prozesse. Das ist das Grundprinzip der sexuellen Fortpflanzung. Auch wenn sich so manche Eltern immer wieder denken, es wäre besser, „er" oder „sie" wäre manchmal ein wenig mehr wie sie. Die nächste Generation muss sich von der vorigen unterscheiden, sie muss anders sein, sie muss es anders machen. Das ist ein Grundprinzip der Biologie.

Eine Hauptthese dieses Buches lautet, dass anders auch besser ist. Sie meinen, das kann doch jetzt aber nicht bedeuten, dass die Kinder immer besser sind als die Eltern – oder? Das stimmt deshalb nicht, weil nicht nur die Kinder anders sind als die Eltern, sondern auch die Eltern anders sind als die Kinder. Andererseits, das andere von den Kindern ist neuer ... ich komme noch genau darauf zurück.

Um es in anderen Worten zu verdeutlichen, sei an dieser Stelle der Zoologe Josef Reichholf (in „Wozu braucht die Welt Zigtausende verschiedener Schnecken?") zitiert: *„Mehr als jede andere ist eine einzige außerordentliche Neuerung des Lebens aufs engste mit der Artbildung verbunden: die Sexualität. Nach vielen Jahrmillionen vergleichsweise großer Einförmigkeit in der Evolution hat erst die sexuelle Fortpflanzung die Zahl der Arten so richtig explodieren lassen. Denn bei dieser Form der Vermehrung werden mütterliches und väterliches Erbgut vermischt, wobei Neues entstehen kann ... Alles Neue ergibt sich erst, indem Altes auf neue Weise aufgemischt wird; beim Alten hingegen verbleibt, was unverändert fortgeführt wird. Dieser Zusammenhang ist uns dort, wo es ums kreative Gebären neuer Ideen geht, bestens vertraut: Wer immer nur das Gleiche lernt und auf althergebrachte Weise denkt, wird nicht weiterkommen – persönlich nicht, aber auch nicht im Hinblick auf die Zukunftsfähigkeit von Gesellschaften."*

Der Vollständigkeit halber möchte ich noch ein paar Details über mein Beispieltier, die Hydra, anmerken, auch um Ihnen zu zeigen, dass das alles nicht ganz so weit hergeholt ist. Wie oben erläutert, können sich diese Wasserpolypen ungeschlechtlich fortpflanzen. Auch wenn er natürlich nie auf diese Idee gekommen wäre, hätte Charles Darwin der Hydra überhaupt den Ratschlag geben können, es in einer anderen Pfütze doch einmal mit Sex zu probieren? Die Hydra kann sich in der Tat auch sexuell fortpflanzen. Wann sie was warum macht, ist wissenschaftlich noch nicht ganz geklärt. Aber stellen Sie sich vor: Hydren können männlich, weiblich, ja sogar zwittrig sein. Und sie können wirklich Spermien (Samenzellen) und Eizellen bilden, die dann zu einem neuen Ganzen verschmelzen. Zu unserem Beispiel wäre außerdem zu sagen, dass Hydren unter optimalen Umweltbedingungen praktisch unendlich alt werden können, weil sie über eine durch Stammzellen vermittelte unglaubliche Regenerationsfähigkeit verfügen und irgendwie nicht altern. Sterben müssen sie nur, wenn sich die Umweltbedingungen, in unserer Pfütze, dramatisch ändern.

Der Zufall schützt uns

Die nächste Generation ist also das Produkt aus Zufallsmutationen, zufälliger Mischung zweier Hälften und anderer Rekombination. Die Mitglieder der nächsten Generation unterscheiden sich daher immer von ihren Eltern. Alle Mitglieder der nächsten und übernächsten und überübernächsten Generation sind aber auch immer untereinander unterschiedlich. Wer was an die nächste Generation vererbt, ist Zufall (Sie wissen es trotzdem: Das Gute hat mein Kind von mir, das Schlechte von ihm/ihr).

Warum soll aber der Zufall besser für die Zukunft rüsten? Ganz einfach: Weil er zu Individualität führt. Bei der asexuellen Fortpflanzung entstünden lauter gleiche Hydren. Als Konsequenz sexueller Fortpflanzung sind alle verschieden. Jetzt herrscht hohes, ja höchstes Maß an Individualität in unserem System, in unserer Pfütze. Umso mehr Mitglieder, desto höher das Maß an Individualität, an Anderssein. Und warum soll das gut sein? Nehmen wir wieder unser Problem aus der Zukunft – eine erhöhte Wassertemperatur. Wir haben gesagt, wenn das erste Tierchen das nicht aushält, herrscht in unserer sexlosen Pfütze Panik und alle werden sterben. Jetzt sind aber viele verschiedene durch Sex entstandene Tierchen in unserer Pfütze. Und trotzdem, viele werden auch jetzt sterben. Aber ein paar (wenige) befinden sich nun in unserer Pfütze, die sich über das Sterben der anderen eigentlich nur wundern. Sie halten nämlich diese neuen Umweltbedingungen aus. Sie haben offensichtlich als Konsequenz der mit Sex verbundenen Neukombination, Rekombination und der spontanen Mutationen (genetischen Veränderungen) die Eigenschaft erhalten, eine höhere Temperatur auszuhalten und zu überleben. Neuzusammenstellungen und Mutationen des Erbguts also, die sich unter den neuen Umweltbedingungen als vorteilhaft herausstellen, ermöglichen jetzt das Überleben von zumindest ein paar Tierchen in unserer Pfütze. Ohne Sex wäre die Pfütze mittlerweile schon leer und die Hydra in diesem System bereits ausgestorben. Das ist der Grund, warum die meisten mit bloßem (und manchmal erregtem) Auge sichtbaren Lebewesen Sex bevorzugen (und die Gründe, die Sie angeführt hätten, sind eigentlich sekundär). Ich möchte noch einmal sagen, dass in Wirklichkeit auch asexuelle Fortpflanzung zu verschiedenen Varianten führen kann (durch spontane Mutationen), die Individualität jedoch bei sexueller Fortpflanzung höher ist.

Individualität und Zufall

Zusammengefasst bedeutet das also: Umso höher die Individualität in unserem System, umso mehr Verschiedene in unserem System sind, umso eher ist einer unter uns, der die Antwort kennt. Da wir die Frage (weil sie ja aus der Zukunft auf uns zukommt) noch gar nicht kennen, ist es reines Glück (im Sinne von Zufallsglück), reiner Zufall also, ob und wenn ja, wer von uns die Antwort kennt. Talente kann man deshalb nicht werten, weil man nicht weiß, welche wir brauchen werden, um die Fragen der Zukunft zu beantworten. Warum also die unglaubliche Stimme einer Elīna Garanča oder das Ballgefühl eines Lionel Messi ein größeres

Talent als unseres sein soll, kann schlüssig niemandem einleuchten. Das Talent tritt erst wirklich zutage, wird erst wirklich relevant, wenn die Frage auftaucht.

Das Glück, dass einer oder mehrere unter uns sind, die Antworten haben werden (und das ist noch in keiner Weise mit Glücklichsein verbunden), kann man erkaufen, steigern, wahrscheinlicher machen, indem man darauf achtet, dass möglichst viele Verschiedene in unserem System sind. Ja, umso mehr Verschiedenartigkeit herrscht, je höher die Individualität ist, desto mehr Glück hat das System. Ganz ähnlich der Tatsache, je öfter ich würfle, desto öfter wird auch ein Sechser dabei sein. Der Durchschnitt ist ein Würfel, bei dem jede Seite dieselbe Augenzahl hat. Und ein Sechser ist es nicht.

Die Systeme lernen stets dazu

Natürlich können die genetischen Prozesse, die im Zuge sexueller Fortpflanzung ablaufen, auch für die Nachkommen von Nachteil sein. Das ist der Preis. Das Wesentliche für unsere Diskussion ist aber folgende Beobachtung: Je mehr verschiedene Tierchen in unserem System sind, desto höher das Maß an Individualität ist, umso eher sind immer ein paar dabei, die auf die unvorhersehbare Frage aus der Zukunft eine Antwort wissen. Die werden überleben. Wobei es hier nicht unbedingt darum geht, wer mehr aushält, wer stärker ist, sondern Fitness im Sinne von Evolution bedeutet Fortpflanzungserfolg, Fortpflanzungsvorteil. Die wenigen, die sich wundern, warum es den vielen anderen bei der höheren Wassertemperatur so schlecht (sogar sterbensschlecht) geht, werden sich wieder fortpflanzen können. Selbst wenn sie sich untereinander nicht sehr sympathisch sind, sollten sie sich sexuell fortpflanzen wollen, werden sie sich wohl oder übel einigen müssen. Sie pflanzen sich also sexuell fort und es entstehen dadurch wieder viele verschiedene Nachkommen.

Aber die Zukunft, mit all ihren ungelösten unerwarteten Problemen, drängt sich weiter in das traute Leben in unserer Pfütze und macht die Gegenwart zur Vergangenheit. Schon tritt also das nächste Problem aus der Zukunft auf uns zu, von dem niemand eine Ahnung haben konnte, wie es beschaffen sein würde. Nehmen wir an, die Schadstoffkonzentrationen ändern sich oder der pH-Wert steigt oder fällt (stellen Sie sich doch einfach vor, es wirft jemand einen Kaugummi in unsere Pfütze). Auf jeden Fall steht die Individualität in unserem System schon wieder auf dem Prüfstein. Hoffentlich haben wir genügend Verschiedene und eine möglichst hohe Varianz in unserem System. Und Gott (?) sei Dank, es sind wieder ein paar dabei, die jetzt den neuen pH-Wert aushalten können. Diese Tierchen, die sich erneut wundern, warum es den anderen so schlecht geht, gehören zu einer Generation, deren Vorfahren bereits die höhere Wassertemperatur ausgehalten haben. Dementsprechend weisen sie auch eine höhere Wahrscheinlichkeit auf, jetzt schon beides zu können, einerseits die höhere Temperatur und andererseits den geänderten pH-Wert auszuhalten. Es ist Ihnen sicher schon aufgefallen: Nicht nur, dass eine hohe Varianz und Individualität die Chancen enorm steigert, auf Fragen aus der Zukunft, die man nicht kannte, eine Antwort zu haben. Unser System, die Hydren in unserer Pfütze lernen mit jeder dieser so gefürchteten/spannenden Fragen aus der unvorhersehbaren Zukunft sogar dazu. Zuerst die Wassertemperatur auszuhalten, dann den pH-Wert …

Einen wichtigen Aspekt möchte ich in diesem Buch hier das erste, aber sicher nicht das letzte Mal aufwerfen: Was könnten jene Tierchen, die die geänderten Umweltbedingungen aushalten, denn auf die Fragen aller anderen zum Sterben verdammten Hydren „Warum müsst ihr nicht sterben? Wieso seid ihr in der Lage, das auszuhalten?" antworten? Sie haben sich diese vorteilhaften Eigenschaften nicht selbst angeeignet, sie haben sie von Geburt an und es ist ihnen wahrscheinlich selbst nicht ganz klar, warum sie darüber verfügen. Und hätte sich die Umwelt nicht geändert, hätten sie auch nie erfahren, dass diese Eigenschaften einmal von Vorteil sein könnten. Ein schlummerndes Potenzial, das erst durch neue Fragen erweckt wird. Vielleicht antworten sie einfach: „So etwas hat man, oder man hat es eben nicht. Und ihr habt es offensichtlich nicht." Ich komme darauf noch zurück.

Wenn wir schon von Pfützen reden. Vor etwa vier Milliarden Jahren dürften in einer besonderen „Urpfütze" aus anorganischen Molekülen organische entstanden sein. Damit dürfte wohl der Beginn jenes biologischen Prozesses eingeläutet worden sein, dessen Grundprinzip Charles Darwin entdeckte und wofür er die große Bedeutung sexueller Fortpflanzung postulierte. Durch Mutation, Selektion und Isolation haben die Organismen über die Generationen „dazugelernt", aus ihrer Pfütze einmal rauszukrabbeln, auf allen Vieren zu laufen, später aufrecht auf zwei Beinen zu gehen, sie haben Haare verloren, ihre Eckzähne wurden kleiner und das Gehirn größer. Leider scheint das Gehirn aber bis heute nicht groß genug geworden zu sein, um zu verstehen, dass all das nur möglich war, indem ein höchstes Maß an Individualität gefördert und gefordert wurde. Wenn alle möglichst gleich, also nah am gemeinsamen Durchschnitt sind, gerät das System schon bei der ersten neuen Aufgabe aus der Zukunft ins Wanken. Das wohl bedeutendste Grundprinzip der Biologie, die Evolution, ist der Beweis für die Bedeutung von Individualität als Chance, sich auf eine unbekannte Zukunft vorzubereiten. Und Sie sind das Ergebnis – sagen Sie jetzt nicht, das ist kein erfolgreiches Konzept! Der Durchschnitt im Sinne von möglichst vielen Gleichen allerdings ist nicht nur ein völlig zahnloses Instrument, nein, er ist sogar eine evolutive Sackgasse.

Migration ist Teil der Evolution

Am Ende dieses Kapitels erlaube ich mir, ein paar Schlussfolgerungen aus dem bisher Gesagten zu ziehen, die wahrlich und si-

cherlich nicht mit Biologie und Genetik allein zu tun haben.
Sollte ein Land glauben, es wäre eine gute Idee, rund um seine
Pfütze einen großen Zaun zu bauen, damit da niemand raus kann
oder, offensichtlich als noch wichtiger eingestuft, damit da niemand rein kann, ist dieses Land automatisch vom Aussterben
bedroht. Durchmischung steigert die Individualität in unserem
System und ist folglich eine unverzichtbare Komponente der Evolution. Migration steigert die Individualität in jedem System und
ist daher eine unverzichtbare Komponente der Evolution.

Sie werden sehr bald sehen, dass ich in diesem Buch für die
große Bedeutung des Verständnisses um die Wechselwirkung zwischen Genetik und Umwelt zur Aufrechterhaltung eines hohen
Maßes an Individualität werbe. Ich meine also auch hier keinesfalls nur die große Bedeutung genetischer Durchmischung/
Migration für unsere erfolgreiche Zukunft, sondern natürlich
auch die unverzichtbare Bedeutung kultureller, sozialer und anderer Aspekte. Es muss auch gesagt werden, dass ein Land, das
heute schon glaubt, die Migration idealerweise so zu steuern, indem man mittels einer „Migrations-Card" jene aufnimmt, die aus
heutiger Sicht gut im Land gebraucht werden können (etwa als
Arbeitskräfte), wohl die erste und einzige Glaskugel sein Eigen
nennen müsste, die wirklich die Zukunft voraussagen könnte.

Individualität um jeden Preis

Durchschnitt!?

An dieser Stelle werden Sie wahrscheinlich gerade beginnen, Ihre Bedenken betreffend die praktische Umsetzung dieser Theorie zu ordnen. Viele Verschiedene in unserem System erhöhen die Chance, dass einer unter uns ist (sein wird), der eine Antwort auf die aus der (in der) Zukunft kommenden neuen Fragestellungen hat. Man muss die Verschiedenartigkeit, die Individualität fördern und fordern, weil „gleichgeschaltet" bedeutet, dass die Varianz unserer Antworten gering ist. Wo kommt der Durchschnitt aber eigentlich her? Der Durchschnitt setzt bereits erzielte Erfahrungswerte voraus. Sonst ist er nicht bestimmbar.

Um die Problematik des Durchschnitts zu erläutern, würde ich gerne ein Beispiel anführen. 20 Kindern wird die Aufgabe gestellt, einen Ball im Turnsaal zu fangen, von dem sie aber nicht wissen, woher er kommt. Er kann aus irgendeiner Ecke, von irgendeiner Stelle, ja sogar von der Decke des Turnsaals kommen. Ganz ähnlich also den Fragen aus der Zukunft, von denen niemand weiß, wie sie lauten und wann sie kommen. Die Frage dieser Aufgabe lautet, wie sollen sich die Kinder im Turnsaal aufstellen, dass sie die höchstmögliche Chance haben, den Ball zu fangen? Die Kinder könnten sich Hilfe von Strategen, Meinungsforschungsinstituten, Visionären, Statistikern …, von wem auch immer, holen. So mancher würde sich fragen, ob es denn das erste Mal ist, dass solch eine Aufgabe gestellt wurde. Angenommen, man würde feststellen, das ist keineswegs hier und jetzt das erste Mal. Schließlich beschäftigen sich so viele Menschen bereits so lange mit Fragen der Zukunftsbewältigung. Wenn also das

„Experiment" schon öfter durchgeführt wurde, hätte man Datenmaterial zur Verfügung. Man könnte dann einfach vergleichen, berechnen und Schlüsse ziehen. Wo ist der Ball bisher hergekommen? Wie oft kam er von links, wie oft von rechts, wie oft von oben …? Man könnte auch tausende Daten haben und in seine Kalkulationen mit einbeziehen. Man könnte genau berechnen: Woher ist der Ball durchschnittlich bisher gekommen? Man nimmt alle bisher eingetretenen Ballrichtungen und berechnet daraus einen Durchschnitt. Alles legitim und im Zusammenhang mit vielen Fragestellungen durchaus von Bedeutung. Aber in unserem Beispiel? Was ergäbe sich aus all diesen Berechnungen für eine Empfehlung an unsere Kinder, die schon sehnsüchtig darauf warten, dass man ihnen hilft, dass man ihnen gute Ratschläge gibt, wo sie sich aufstellen sollen, um das nächste Mal den Ball zu fangen?

Einerseits bedeutet der berechnete Durchschnitt in keiner Weise, dass jemals ein Ball genau von dort gekommen ist. Hätten wir viele Fälle, bei denen der Ball von links oder von rechts gekommen ist, ergäbe sich daraus trotzdem ein Durchschnitt in der Mitte. Der allgemein bekannte und verwendete Begriff „Durchschnitt" beschreibt in der Statistik das arithmetische Mittel. Berechnen kann ihn jeder und hat ihn auch jeder von uns schon oft. Man addiert die Werte, deren Mittelwert (Durchschnitt) gesucht wird, und teilt sie durch ihre Anzahl. Und jetzt hätten wir also einen Wert, den Durchschnitt, genau berechnet. Was wäre der Schluss? Würden wir den Kindern also jetzt raten, sich doch alle so aufzustellen, dass sie den Ball fangen könnten, käme er von da, wo er durchschnittlich bisher hergekommen ist? Alle auf die gleiche Stelle? Natürlich nicht. Denn wenn alle auf einer Stelle stehen, selbst wenn sie eben dem Durchschnitt entspricht, würden sie den Ball nur fangen, wenn er genau von dieser einen Richtung käme. Aber wie viele, unglaublich viele Möglichkeiten gibt es für den Ball, uns von einer anderen Richtung her zu überraschen! Ich habe schon einmal gesagt, dass eine Orientierung am Durchschnitt beziehungsweise am Gleichen eigentlich nur dann Sinn hat, wenn die Frage mit Sicherheit schon beantwortet ist, wenn man also sicher weiß, woher der Ball kommt. Ja, dann würde man den Kindern raten, sich doch alle auf eine Stelle, die richtige Stelle, zu stellen. Aber die Realität, das wirkliche Leben sieht eben so aus, wie unser Beispiel es beschreibt: Wir wissen nicht, woher der Ball kommt.

Ein tatsächliche Lösung für unser Problem haben wir nicht und können wir auch nicht haben. Sicherheiten gibt es in diesen Fällen leider keine. Aber unsere Chancen steigen enorm, wenn wir Individualität in unserem System haben. Die Chancen der Kinder, dass zumindest eines von ihnen den Ball fängt, steigen dadurch, dass sich alle an verschiedenen Stellen im Turnsaal aufstellen. Sie werden umso eher erfolgreich sein, je mehr sie darauf achten, dass nicht einmal zwei an der gleichen Stelle stehen. Wir brauchen jeden Einzelnen, jedes einzelne Kind, zur Lösung dieses Problems. Aber jedes möglichst individuell. Warum die Politik, das Bildungssystem, ja leider auch oft die Eltern selbst unseren Kindern ständig den Ratschlag geben, sich doch dem Durchschnitt anzupassen, kann man einfach nicht verstehen (ich komme darauf noch zurück).

Wenn alle verschieden sind, fällt keiner mehr auf

So glasklar das doch eigentlich ist, so unverständlich ist mir doch, wie wenig beliebt es heute zu sein scheint, aus der Masse herauszuragen, gegen den Strom zu schwimmen oder vom „Mainstream" abzuweichen. Selbst möchte man nicht unbedingt der Einzige sein, der es anders macht als alle anderen. Man will eingehen als Tropfen in das Meer der Sicherheit, nicht auffallen zu müssen. Wer nicht ganz vorne ist, wer nicht ganz hinten ist, kann vom Ball nicht getroffen werden. Auffallen ist immer mit Angst verbunden. Wer einen neuen Weg gehen will, muss den alten verlassen! Ja schon, aber was, wenn ich den falschen Weg gehe und dafür nachher kritisiert oder noch schlimmer ausgelacht werde?

Die Evolution basiert darauf und die Geschichte hat es uns ja auch bewiesen. Wir brauchen „Abweichler" wie Albert Einstein, wir benötigen „Auffaller" wie Sigmund Freud. Sonst bleibt alles beim Alten. Sonst herrscht kompletter Stillstand. Der Durchschnitt bedeutet Stillstand, so bequem er uns auch manchmal vorkommen mag. Johann Wolfgang von Goethe sagte: *„Das Außergewöhnliche geschieht nicht auf glattem gewöhnlichen Wege."* Ja, aber wenn wir mit dem jetzigen Durchschnitt zufrieden sind? Die große Gefahr ist nicht das Heute. Die Gefahr liegt in der Zukunft. Die Individualität einzubüßen bedeutet, die Zukunft zu verlieren! Es geht um Leben und Tod und nicht um Bequemlichkeiten. Uns werden die Antworten fehlen, ob auf Probleme aus der Zukunft, die der Zufall bringt, oder ob auf Probleme aus der Zukunft, die wir selbst gerade jetzt schon (wahrscheinlich ohne es zu wissen) verursachen oder auslösen. Niemand will der „Abweichler von der Norm" selbst sein. Niemand will solche „Abweichler" als Kinder, als Schüler, als Studenten oder als Mitarbeiter. Die bereiten Probleme, sind heute nicht unbedingt gut fürs Geschäft, fragen zu viel. Aber wie konnte es überhaupt so weit kommen? Wieso haben wir solche Angst davor, aufzufallen, abzuweichen und suhlen uns viel lieber in den Ausscheidungen des Durchschnitts?

Die Tatsache, dass wir schon geraume Zeit den Durchschnitt anstreben und uns auf ihn verlassen, hat dazu geführt, dass Menschen, die Neuland betreten, mehr als je zuvor auffallen. Wenn wir endlich alle das höchste Maß an Individualität anstreben, gibt es keine Angst mehr vor den Konsequenzen des Abweichens von der Norm, weil Abweichen zur Norm wird. Anderssein darf nicht die Ausnahme, sondern muss zur Regel werden. Zur Bewältigung der großen Aufgaben der Zukunft ist das unsere einzige Chance.

Jeder ist genetisch individuell, auch Sarrazin

Immer wieder bekomme ich an diesem Punkt meiner Argumentation zu hören: „Schön und gut. Individualität ist äußerst wichtig. Aber nicht um jeden Preis! Ich habe da einen in meinem Betrieb, in meiner Klasse, in meinem Ort, bei dem bin ich mir ganz sicher, den braucht bestimmt keiner! Individualität hin oder her, den benötigen wir heute nicht, und so sehr kann sich die Umwelt gar nicht ändern, so eigenwillig können die Fragen der Zukunft gar nicht sein, dass man den jemals brauchen könnte. So viele Kaugummis können in unserer Pfütze gar nicht auftauchen, dass der jemals einen Sinn haben könnte!"

Es bleibt mir nicht erspart, Sie daran zu erinnern, dass die Geschichte uns gelehrt hat, dass solche Ideen und Ansätze sogar politisches Programm werden können. Jene zu definieren, die den Idealfall darstellen … und jene zu identifizieren, die niemand braucht und haben will, um sie letztendlich um jeden (noch so unglaublich hohen und verabscheuungswürdigen) Preis loszuwerden … Es wird Sie vielleicht überraschen, dass es gerade auch eine biologische/genetische Argumentation ist, durch die sich klar zeigen lässt, wie irrsinnig und wahnsinnig die nationalsozialistische Idee war, den genetischen Idealfall zu definieren mit dem Ziel, ihn dadurch zum Durchschnitt zu machen, indem am Ende alle so sein sollten, weil „die anderen" verschwunden (worden) sind. Das angestrebte Gleiche verbunden mit dem Bekämpfen des Andersseins würde, wenn es wirklich gelänge, automatisch zum Durchschnitt im Sinn von vielen Gleichen führen.

Ich habe in diesem Buch schon einmal erläutert, dass es genetisch keine Rassen des Menschen gibt. Genetisch gesehen gibt es auch keinen Durchschnitt. Genetisch gesehen gibt es eigentlich nur Individualität (selbst bei eineiigen Zwillingen, die sich epigenetisch unterscheiden – ich erkläre das noch im Detail an späterer Stelle). Genetisch gesehen können zwei weiße Menschen weniger verwandt sein als ein weißer und ein schwarzer. Genetisch gesehen gibt es daher so viele Rassen, wie es Menschen auf der Welt gibt. Jeder ist individuell! Daher ist die „genetische" Argumentation von Thilo Sarrazin in seinem Buch „Deutschland schafft sich ab" Unsinn. Eine biologische Begründung dafür, dass türkischstämmige Menschen generell weniger klug sind als etwa Deutsche, gibt es genauso wenig wie ein Juden-Gen. Die Annahme also, dass ganze Volksgruppen aus genetischen Gründen dümmer sind als andere, ist einfach schlichtweg falsch. Natürlich hat Intelligenz auch eine genetische Komponente. Sogar eine hohe. 50 Prozent, so wird heute angenommen, ist daran genetisch. Aber das heißt einerseits, dass der Rest durch Umwelteinflüsse entscheidend mitgeprägt wird. Der Mensch ist auch gerade hier nicht auf seine Gene reduzierbar. Und außerdem ist die genetische Varianz innerhalb einer Gruppe weit größer als die Varianz zwischen den Gruppen. Im Klartext bedeutet das, dass es sehr kluge und auch weniger intelligente gibt – in allen Volksgruppen – Türken, Deutsche, Österreicher. Und dass das nur sehr bedingt überhaupt etwas mit Genen zu tun hat – die Umwelt besitzt enorme Macht.

Niemand weiß, wer oder was gebraucht werden wird

Ich möchte jetzt aber in diesem Zusammenhang noch einen Schritt weiter gehen und klarstellen, dass Definitionen wie „gut" oder „schlecht", „brauchbar" oder „nicht brauchbar" beziehungsweise „notwendig" und „unnötig" nicht einmal die gegenwärtige Millisekunde des Übergangs zwischen Zukunft und Vergangenheit überdauern müssen. Ich möchte an dieser Stelle nicht so verstanden werden, dass ich Traditionen grundsätzlich ablehne. Bewährtes zu bewahren kann durchaus auch sinnvoll sein. Aber was letztendlich „gut" oder „schlecht" ist, entscheidet die Zukunft, wenn sie plötzlich und unvorhersehbar vor unserer Tür steht, eine Frage in der Hand haltend, von der wir uns nicht haben vorstellen können, dass sie jemals auf uns hätte zukommen können.

Sofort wird aber immer auch damit argumentiert, dass die Erhaltung hoher Varianz und Individualität sehr teuer ist. Und wenn man den einen oder anderen heute nicht braucht, warum soll man ihn denn in Zukunft brauchen? Wie hoch ist die Wahrscheinlichkeit, dass die Kosten, die anfallen, um etwas jetzt zu erhalten, was ich heute offensichtlich nicht benötige, irgendwann wieder reinkommen, weil es später, in Zukunft einmal, von Nutzen sein könnte? Rausgeschmissenes Geld? Mitnichten!

Ich habe ja schon gesagt, dass ich in diesem Buch biologische Beispiele für meine Argumentation verwenden werde, auch wenn ich sie, zugegeben, etwas adaptieren muss, um verständlich machen zu können, was ich meine. Biston betularia lautet die wissenschaftliche Bezeichnung für den Birkenspanner, ein Schmetterling aus der Familie der Geometridae. Der Birkenspanner heißt Birkenspanner, weil seine Flügel von weißer Grundfärbung mit dunklen Sprenkeln sind und er dadurch besonders gut im Geäst oder an den Rinden (und den darauf sitzenden Flechten) der Birke getarnt ist. Seine natürlichen Feinde, die Vögel, können ihn durch diese Tarnung nur sehr schwer auf den Birkenbäumen ausmachen. Sie werden sofort schlussfolgern – erfolgreiche Strategie für das Überleben des Birkenspanners – gut gerüstet für die Zukunft! Und ja, man könnte den Birkenspanner fragen, wo er diese für ihn so vorteilhafte Maserung her hat. Könnte er antworten, wer weiß, was er sagen würde. Halten Sie es für möglich, dass er einfach etwas gelangweilt antworten würde: „So etwas hat man, oder man hat es eben nicht"?

Aber jetzt das eigentlich Interessante an dieser Geschichte. Seit eh und je existiert auch eine dunkle, fast schwarze Form des Birkenspanners. Diese Variante des Schmetterlings hat ganz dunkle Flügel. Auf den ersten Blick ist das ein Paradebeispiel für eine genetische Veränderung (übrigens eine Mutation im Gen für das Pigment Melanin), die einen Überlebensnachteil darstellt.

Diese sehr seltenen dunklen Falter fliegen zu den Birken, werden dort von den Vögeln sofort entdeckt und gefressen. Die oben genannten Kritiker würden jetzt ungebremst in den „Choral zum heiligen Durchschnitt" einstimmen: „Die braucht aber wirklich niemand! Diese dunklen Birkenspanner benötigt heute niemand und in Zukunft auch keiner. All die Energie zur Bildung der Raupe, die sich von Blättern ernährt. Dann die Verpuppung in der Erde und schließlich ... ein Schmetterling, der so schlechte Überlebenschancen hat. Was für eine Ressourcenverschwendung!"

Ich weiß, Sie verzeihen mir das, aber es ist zu verlockend, den anderen Birkenspannern, die von ihrer Maserung her aussehen wie die Birkenbäume, „ein paar Worte in den Mund zu legen". Ich weiß nicht wirklich warum, aber ich fürchte, würden diese Birkenspanner irgendwie repräsentativ für unsere aktuelle gesellschaftliche und politische Entwicklung sein, würden sie vielleicht die beiden dümmsten, aber leider eben am weitesten verbreiteten Argumente vorbringen. Könnten sie aber auch nur ein paar Silben von sich geben, sie würden wahrscheinlich zu den schwarzen, seltenen Birkenspannern leider sagen: „Schaut doch einmal auf die Birkenbäume! Die sehen anders aus als ihr! Das war schon immer so!" Und sollte das als Untermauerung ihrer Überzeugung, dass die schwarzen Falter wirklich sinnlos sind, nicht genügen, würden sie vielleicht noch mit einem zweiten ebenso oft verwendeten und ebenso dummen Argument nachsetzen: „Und außerdem – wir sind viel mehr als ihr!" Das war schon immer so, und wir sind viel mehr als ihr – wie entwaffnend.

Mehr zu sein als andere reicht vielen Menschen in ihrer täglichen Argumentation vollkommen aus. Das erlebt man am Wirtshaustisch genauso wie in der Wissenschaft. Nichts ist schwerer als am Tisch der Einzige zu sein, der eine Meinung vertritt, wenn doch alle anderen eine andere favorisieren. Das Gelächter, die Überheblichkeit der Mehrheit – und so oft irrt sie doch. Der österreichische Journalist Helmut A. Gansterer schreibt in seinem Buch „Endlich alle Erfolgsgeheimnisse" von der *„sinnvollen*

*Tapferkeit, anders zu sein als andere." „Taucht eine Genie auf,
verbrüdern sich die Dummköpfe"*, hat der irische Schriftsteller
Jonathan Swift einmal gesagt. Es gibt aber auch wirklich in der
Geschichte viele Fälle von neuen wissenschaftlichen Erkenntnis-
sen einzelner brillanter Forscher oder Denker, die angezweifelt
und in Misskredit gebracht wurden, nicht etwa weil die vielen
anderen Kollegen wissenschaftliche Überprüfungen und Begut-
achtungen der neuen Theorie durchgeführt hätten. Sehr oft glaub-
ten die vielen anderen, es genüge, sich zu versammeln und abzu-
stimmen! Wenn Sie jetzt gerade ein Schmunzeln auf den Lippen
haben, so muss ich Ihre Stimmung dadurch trüben, indem ich Sie
daran erinnere, dass dies das Prinzip demokratischer Regierungs-
formen ist. Wenn Demokratie mit Sicherheit die erstrebenswerteste Regierungsform darstellt, so bedeutet das nicht, dass Mehrheit nicht sehr oft irren oder sogar unethisch agieren kann. Ich
muss Ihnen keine Beispiele aus der Geschichte aufzählen, Sie
kennen genügend – für das eine wie auch für das andere.

Im frühen 19. Jahrhundert gab es rund um Manchester 99,99
Prozent Birkenspanner mit der Maserung, die dem Baum ähnelt,
und nur 0,01 Prozent dunkle Falter. „Es war schon immer so, und
wir sind viel mehr als ihr" – wie schnell sich doch die Vorzeichen
ändern können. 1848 konnte man in der Industrieregion um
Manchester erstmals eine größere Anzahl an dunkel gefärbten
Birkenspannern beobachten. Und, Sie werden es nicht glauben,
1895 waren um Manchester über 95 Prozent aller Birkenspanner
dunkel gefärbt, und die hellen gesprenkelten bildeten eine kleine
Minderheit! Warum? Weil eine Frage aus der Zukunft auf die
Birkenspanner zugekommen war, mit der sie nicht rechneten, die
niemand kannte und auch niemand vorhersehen konnte. Durch
die dort in diesem Zeitraum immer stärker werdende Industrie
nahm die Luftverschmutzung durch Fabrikschornsteine dramatisch zu. Die Birken wurden durch den sich anlagernden Ruß
ganz dunkel gefärbt und auch die helleren Flechten auf den
Baumstämmen starben ab. Jetzt hatte sich also durch eine für

Birkenspanner in dieser Region mit Sicherheit nicht vorhersehbare Veränderung die Umwelt der Falter komplett auf den Kopf gestellt. Eine Frage aus der Zukunft, mit der (und das hat die Zukunft so an sich) die Birkenspanner nicht rechnen konnten, führte dazu, dass die dunklen Tiere, die bisher einen schweren Nachteil hatten, jetzt plötzlich auf den dunklen Bäumen getarnt waren. Aufgrund ihrer dunklen Färbung waren sie für ihre natürlichen Feinde, die Vögel, nunmehr auf den dunklen Bäumen nicht mehr zu sehen und bekamen als Folge davon einen Fortpflanzungsvorteil. Das reichte aus, um in so kurzer Zeit in einer Region, die stets von 99,99 Prozent heller Birkenspanner besiedelt war, weit überwiegend nur mehr dunkle Falter vorzufinden. Und den hell gemaserten Birkenspannern konnte man auf ihrem Flug zu den Bäumen nur mitgeben: So satt waren die Vögel noch selten.

Aus wissenschaftlicher Sicht sind jene Mechanismen, die diesem Phänomen zugrunde liegen, noch nicht wirklich ganz geklärt. Es ist umstritten, wie direkt und nachvollziehbar es sich bei diesem Beispiel tatsächlich um das evolutive Prinzip „Mutation-Selektion" handelt. Erst vor Kurzem haben allerdings Mathematiker beweisen können, dass selbst sehr kleine genetische Änderungen sich relativ rasch ausbreiten können, selbst wenn sie nur einen relativ geringen Anpassungsvorteil haben. Der Birkenspanner ist auf jeden Fall aktuell aus den Lehr- und Schulbüchern nicht wegzudenken und wird zur Untermauerung verschiedenster Argumentationen verwendet. Auch ich verwende dieses Beispiel immer wieder in verschiedenen Zusammenhängen. Einmal dahingestellt, welche beweisbare Bedeutung dieser Schmetterling als Beispiel für Evolution wirklich hat, ich wollte hier damit nur sagen, dass Verschiedenartigkeit die Chance bietet, auf verschiedene Umweltbedingungen eine „Antwort" zu haben.

Überspitzt formuliert: Haben in der Zeit vor der Industrialisierung im Raum Manchester die Birkenspanner wissen können, dass solch eine Frage eventuell auf sie zukommen könnte? Sind deshalb auch immer, wenn auch sehr wenige, dunkle Falter entstanden, weil die Birkenspanner ja wussten, die Rinden könnten sich einmal schwarz färben? Wozu hat man die dunklen davor gebraucht? Warum haben sie existiert, wenn sie doch solch schwere Nachteile hatten? Ob man etwas „braucht" oder nicht, entscheidet die Umwelt. Ob besondere Eigenschaften von Vor- oder von Nachteil sind, entscheidet die Zukunft. Welche Eigenschaften, Talente in der Zukunft gebraucht werden, kann heute niemand sagen. Wer heute glaubt, einen erstrebenswerten Durchschnitt, ob in der Bildung, der Wissenschaft, der Wirtschaft oder der Politik, definieren zu können und zu müssen, damit letztendlich so viele wie irgend möglich das Ziel erreichen und sich dadurch um den gemeinsamen Nenner gruppieren, muss sich schon heute vor der Zukunft fürchten. Umso mehr Gleiche wir haben, umso weniger Variantenreichtum, Streuung und Individualität herrscht.

Die Evolution leistet sich Individualität, auch wenn vielleicht wirklich zum aktuellen Zeitpunkt nicht ganz klar ist, in welchem Ausmaß bestimmte individuelle Varianten und Ansätze gebraucht werden könnten. Natürlich geht die Biologie im Sinne des Prinzips „Survival of the fittest" rücksichtslos mit jenen Varianten um, die keine Vorteile, ja sogar Nachteile haben. Die Evolution selektioniert gegen solche Varianten. Die Individualität, von der ich rede, ist jene, die die Evolution bei jeder sexuellen Fortpflanzung neu entstehen lässt, um sie dann auf ihre „Fittness" zu überprüfen. Sie leistet sich ständig nachteilige Varianten. Sie glaubt nicht, das Richtige schon gefunden zu haben, weil sie „weiß", dass die Zukunft anders sein kann und wird als die Gegenwart. Die Individualität, die sich die Evolution leistet, zielt darauf ab, um jeden Preis immer wieder Individualität entstehen zu lassen. Das ist es, was wir als Gesellschaft auch tun sollten. Unabhängig davon, ob wir glauben, das Richtige schon gefunden zu haben – denn ist es das Richtige für morgen?

Man muss an dieser Stelle auch sagen, dass sogar zur selben Zeit an einer Stelle des Planeten das eine und an einem anderen Ort das andere gebraucht werden kann (ich komme gleich im nächsten Kapitel bei der Sichelzellenanämie darauf zurück). Es muss uns klar sein, dass all jene, die heute glauben zu wissen, was wir nicht brauchen, was wertlos und nur Zeit- und Geldverschwendung ist, als einziges Argument eine zuverlässige Glaskugel haben müssten – die Umweltbedingungen von überall und von morgen kennen müssten. Natürlich ist es teuer, die Individualität um jeden Preis hoch zu halten. Natürlich ist es teuer, Varianten ohne sichtlichen Nutzen im Heute immer wieder entstehen zu lassen und vielleicht sogar zu hegen und zu pflegen. Aber viel teurer kann es uns zu stehen kommen, dem kurzfristigen Erfolg im Jetzt, dem Hochgefühl des sofortigen Profits zu erliegen und dadurch unsere ganze Zukunft aufs Spiel zu setzen.

Relativ plötzlich wurden um Manchester die Konsequenzen einer ungewissen Zukunft (der starken durch Industrialisierung hervorgerufenen Umweltverschmutzung) zur Gegenwart und stellten alles auf den Kopf. Ich bin mir sicher, dass die nun überlebensfähigeren dunklen Birkenspanner aber nicht zu den nun wenigeren hellen gesagt hätten: „Es war schon immer so und wir sind außerdem viel mehr als ihr!" Warum nicht? Erstens, weil sie es ja anders kannten und aus den Fehlern der anderen lernen konnten. Schließlich waren sie ja schon einmal viel weniger mit auch viel niedrigeren Überlebenschancen. Und außerdem wären die dunklen Falter sicher klug genug zu wissen, dass man die Zukunft eben nicht voraussagen kann, dass sie immer anders kommt als man denkt und wer weiß ... Mittlerweile ist die damals zur Gegenwart gewordene Zukunft (die starke durch Industrialisierung hervorgerufene Umweltverschmutzung) aber schon wieder Vergangenheit. Die Umweltverschmutzung wurde um Manchester massiv verringert und seit den 1960er-Jahren geht der Anteil der dunklen Birkenspanner bereits wieder erheblich zurück und die hellen nehmen wieder zu. Ich weiß, dass Sie wissen, dass die hellen Schmetterlinge den dunklen heute den Unsinn von „Es war schon immer so und wir sind außerdem mehr" nicht mehr vorhalten wollen und werden.

Genetisch gibt es keinen Durchschnitt

Was Sie schon immer über Genetik wissen wollten

Ich habe es bisher schon mehrfach gesagt und werde es in Folge noch viel detaillierter argumentieren: Der Mensch mit all seinen Eigenschaften ist niemals auf seine Gene reduzierbar – er ist das Produkt der Wechselwirkung zwischen Genetik und Umwelt. Um diese Wechselwirkung zu verstehen, müssen wir an dieser Stelle einen kurzen Exkurs in die Mysterien der Genetik unternehmen. Wir müssen durch das Verstehen der Bedeutung der Gene quasi die Basis dafür schaffen, die Bedeutung der Gene auch immer wieder infrage stellen zu können. Wenn wir uns noch einmal die Beispiele „Hydra" und „Birkenspanner" vor Augen führen, leuchtet es schon ein, dass wir das Thema Genetik jetzt einmal erörtern müssen. Die Hydra hat sich die Eigenschaft, ein paar Grad wärmer oder einen veränderten pH-Wert auszuhalten, nicht antrainiert, und der dunkle Birkenspanner hat sich seine Färbung nicht aufgemalt oder angezogen. Wie gesagt, sie hätten argumentieren können: „So etwas hat man, oder man hat es eben nicht." Nun gut, aber wo? Sie sehen schon, dass wir zumindest ein wenig mehr über Gene wissen müssen, um uns im Folgenden detailliert über Talente unterhalten zu können. Ich verspreche, ich halte mich kurz.

Der Mensch besitzt etwa 22.500 Gene. Als ich studierte, hatte er noch über 100.000 und vor noch wenigen Jahren hatte er etwa 30.000 bis 40.000 Gene. Nicht etwa weil wir in den wenigen Jahren so viele Gene weggeschmissen hätten. Die Lehrmeinung als Resultat der neuesten wissenschaftlichen Erkenntnisse hat sich geändert. Es ist schon über zehn Jahre her, dass als Endergebnis vieler Jahre Forschung und Milliarden US-Dollars die erste fertig analysierte Sequenz des Erbguts (aller Gene) eines Menschen (Human Genome Project) präsentiert wurde. Die Zeiten ändern sich – und sie haben sich geändert. Heute stehen unserem Fach Technologien zur Verfügung, die es uns ermöglichen, das gesamte Genom eines Menschen in wenigen Tagen um ein paar Tausend Euro zu sequenzieren. Und es wird noch schneller und noch billiger gehen. Und es wird vieler Diskussionen über Vor- und Nachteile solcher neuen Technologien für das Wohl des Menschen bedürfen.

Der Fortschritt ist enorm und das Wissen wächst und verändert sich in unvorstellbarer Weise. Es wird von bösartigen Universitätsdozenten der Genetik gemunkelt, die ihren Studenten Bücher zur Vorbereitung auf die Prüfung borgen, aus denen sie selbst noch gelernt haben. Mit diesem veralteten Wissen hat man heute kaum eine Chance, die Prüfung zu bestehen. Gerade auch in unserem Fach verläuft die Zunahme an Wissen exponentiell. Wir werden in den nächsten 20 Jahren nicht „nur" einen Zuwachs an Neuem haben wie in den letzten 20 Jahren. Nein, das Ausmaß an Wissenszunahme wird viel größer sein. Und stellen Sie sich vor, was uns alles vor 20 Jahren noch nicht oder nur kaum zur Verfügung stand.

Wenn ich mich daher manchmal darüber ärgere oder sogar davor fürchte, dass das eine oder andere, von dessen Richtigkeit wir heute schwer überzeugt sind, in 20 Jahren nicht mehr stimmen könnte, tröste ich mich immer mit folgender Anekdote. Als ich einmal von einem Kongress nach Hause kam, traf ich meine Tochter im Vorzimmer unseres Hauses an. Ich bin seelenruhig davon ausgegangen, dass sie mir jetzt um den Hals fallen wird, weil sie mich ja natürlich total vermisst hat. Sie aber hat nur die Hand gehoben, gedeutet „Ich kann jetzt nicht" und mir klar gemacht, dass sie ja gerade am Handy telefoniert. Etwas erbost darüber rief ich ihr nach: „Anna, weißt Du eigentlich, dass es ein Leben vor dem Handy gab!" Ich meinte, dass es ein Leben vor dem Handy gab, so wie es auch ein Leben vor dem Farbfernseher, dem Internet, ja sogar vor Facebook gab. Meine Tochter unterbrach ihr Handytelefonat nur ausgesprochen ungern und daher auch nur ausgesprochen kurz, aber das musste jetzt offensichtlich nachhaltig ein für alle Mal geklärt werden: „Papa, ich weiß, dass es eine Zeit vor dem Handy gab, aber Leben war das keines!"

Jedes der vielleicht 22.500 Gene hat man zweimal, einmal von der Mutter und einmal vom Vater. Im Zuge der sexuellen Fortpflanzung entsteht Individualität der Nachkommen dadurch, dass ja Ihre Mutter und Ihr Vater die beiden Sets an Genen auch von deren Vater und Mutter (je zur Hälfte) geerbt haben. Für jedes Gen ist die Frage, welches der beiden (das großväterliche oder großmütterliche) Sie an Ihre Nachkommen weitergeben, schon einmal Zufall. Jede Hydra in der Pfütze, jeder Mensch ist dann also ein zufälliges Gemisch großväterlicher und großmütterlicher Gene, väterlicherseits und mütterlicherseits. Genetische Individualität bildet sich aber auch, weil bei der Entstehung individuellen Lebens durch Verschmelzung von Ei- und Samenzelle (jede bringt ein halbes Set an Genen von der Mutter beziehungsweise dem Vater) noch weitere biochemische Prozesse ablaufen, die für zusätzliche auch zufällige genetische Durchmischung sorgen. Und noch einmal zusätzlich treten im Zuge der Entstehung individuellen Lebens auch noch genetische Veränderungen (Mutationen) neu und erstmals auf. All diese Prozesse sorgen dafür, dass jeder Mensch sein ganz individuelles Genom, seinen ganz individuellen genetischen Fingerabdruck hat. Diese Individualität wird ja auch bei Vaterschaftsnachweisen oder im Zuge von Täterermittlungen in der Kriminologie als Beweismittel herangezogen. Die Wahrscheinlichkeit, dass zwei Menschen (so sie nicht eineiige Zwillinge sind) auf unserem Planeten leben, die zufällig die gleiche Sequenz in ihrer DNA haben, sich in der Sequenz ihres Erbguts also nicht unterscheiden, ist praktisch, theoretisch und überhaupt nahezu null.

Biologische Individualität

Jeder Mensch ist genetisch anders, individuell. Das ist ein Dogma, auf dem dieses Buch aufbaut – gepaart mit dem Wissen, dass die Individualität jedes Einzelnen durch seine individuelle, nicht kopiengetreu reproduzierbare Umwelt auch noch massiv gesteigert wird. Genetische Individualität ist viel mehr ein qualitativer Begriff als ein quantitativer. Grundsätzlich verfügt jeder Mensch über die gleichen Gene. Es liest niemand dieses Buch mit mehr Genen als der andere. Es kann auch niemand beim Lesen ein paar weglegen. Jeder Mensch hat jedes Gen (und jedes sogar zweimal). Mit der Ausnahme, dass sich die Hälfte der Leser dieses Buches darüber freuen, dass sie kein Y-Chromosom aufweisen. Das Y-Chromosom macht männlich – darauf kann man schließlich dankend verzichten? Sonst ist alles gleich. Aber wo steckt sie dann, die so hochgelobte genetische Individualität? In der Sequenz unserer Gene. Jeder Mensch besitzt mehr oder weniger jedes Gen, aber jeder hat seine individuellen Varianten davon. Die Sequenz der DNA (die genaue Anordnung der Basenpaare ATGC) ist individuell. Und auch hier ist es nicht eine wirklich quantitative, sondern vielmehr eine qualitative Frage. Sie werden jetzt vielleicht erstaunt sein, aber die genetische Individualität des Menschen beträgt nur etwa 0,1 Prozent. Ihre Erbanlagen unterscheiden sich von denen Ihres Nachbarn um nur ungefähr (eben plus/minus) 0,1 Prozent – der Rest ist gleich.

Ich weiß, jetzt würden viele Leser gerne woanders wohnen. Aber ob es für Sie ein Trost ist oder nicht, es ist egal, wen Sie zum Nachbarn haben. Vergleicht man zwei aus den Milliarden Menschen auf der Erde, haben sie zueinander zu ungefähr 99,9 Prozent übereinstimmende Erbanlagen. Der Unterschied zwischen einem und dem anderen Menschen beträgt nur um die 0,1 Prozent. So schwer solche Zahlen überhaupt berechenbar sind, so stark sind sie auch ständig in Diskussion und so unbedeutend sind sie ja auch. Es handelt sich schließlich nur um Durchschnittswerte. Für unsere bereits an anderer Stelle geführte Diskussion, warum es genetisch keine Rassen des Menschen gibt, ist lediglich relevant, dass der Unterschied zwischen zwei weißen Menschen größer sein kann als zwischen einem weißen und einem schwarzen Menschen. Der biologische Rassenbegriff taugt nicht zur Anwendung auf den heutigen Menschen und die Ausbildung von Gruppen, die etwa als Ethnien bezeichnet werden, ist kein biologischer, sondern ein kultureller Prozess.

Quantität spielt aus genetischer Sicht gesehen einfach eine untergeordnete Rolle. Erst voriges Jahr wurde das Erbgut der Hydra durchsequenziert. Und ob Sie es glauben oder nicht, dieses winzige Tierchen hat wahrscheinlich 20.000 Gene (und wir mit unseren 22.500 Genen?). Zu Ihrer Beruhigung, es gibt Blattflöhe mit nur etwa 180 Genen, bestimmte Bakterien in unserem Darm leben mit etwa 5000 Genen und Fliegen haben vielleicht 12.000 Gene. Aber! Aber! Der Gemeine Wasserfloh (der natürlich nicht gemein im Sinne von bösartig ist) besitzt ungefähr 30.000 Gene und Kohl sogar 100.000 Gene! Und jetzt sagen Sie einmal, Talente haben etwas mit der Genanzahl zu tun. Das Gemüse Kohl mit 100.000 Genen und all seinen Talenten! Natürlich nicht!

Ein Affenzirkus

Sequenzvergleiche zwischen dem Menschen und dem Affen haben in den letzten zwei Jahrzehnten immer wieder zu heftigen Diskussionen geführt. Polarisiert waren und sind diese Debatten wahrscheinlich deshalb, weil die einen sich einen möglichst kleinen, die anderen sich aber einen möglichst großen Unterschied wünschen. Lange Zeit hat man sich immer etwa bei 1 Prozent eingependelt – 1 Prozent genetischer Unterschied zwischen Mensch und Affe (und hier hängt es natürlich auch noch davon ab, von welcher Affenart man spricht). Immer wieder, wenn Sequenzdaten veröffentlicht wurden, gingen die Wogen hoch. Einmal mehr in die Richtung, der Mensch ist doch sehr ein Affe, und einmal mehr in die Richtung, der Mensch ist doch nicht so sehr ein Affe. Ich kann mich an einen Anruf eines Journalisten erinnern, als wieder einmal eine neue Zahl für den genetischen Unterschied zwischen Mensch und Affe in der Literatur aufgetaucht ist. Es ist schon geraume Zeit her und der Unterschied wurde gerade wieder einmal als geringer eingeschätzt als bis zum damaligen Zeitpunkt angenommen. Am Flughafen sitzend und wartend, mit Zeit und Laune zum Plaudern ausgestattet, kamen der Journalist und ich ins Scherzen: „Ja, aber wenn der genetische Unterschied zwischen Mensch und Affe nicht viel größer ist als zwischen zwei Menschen, dann muss es doch nach entsprechender statistischer Varianz und Verteilung Menschen geben, die genetisch näher am Affen als an einem anderen Menschen sind. Tja, aber das schreibe ich so nicht. Das schließt die Theorie nicht aus – ich kenne sogar solche Menschen!"

Sie dürfen ruhig lachen. Auch weil aktuellere Studien des Genetikers Svante Pääbo darauf hinweisen, dass der genetische Unterschied zwischen Mensch und Affe größer ist als bisher angenommen. Ganz wichtig in diesem Zusammenhang ist es aber zu verstehen, dass dieser quantitative Unterschied nicht wirklich ausschlaggebend ist. Die Verschaltung und Wechselwirkung der Gene untereinander, die Verwendung der Gene durch Übersetzung in Proteine (zur Epigenetik kommen wir noch im Detail etwas später) und die Umwelt – das alles ist von viel größerer Bedeutung. Was die Verschaltungen und Wechselwirkungen der Gene untereinander und zueinander betrifft, muss noch sehr viel erforscht werden. Klar ist, dass man mit fünf Einheiten fünf Resultate oder auch fünf mal fünf Resultate erzielen kann, je nachdem wie man sie einsetzt und kombiniert. Das macht auch verständlich, warum Tiere, die weniger können als der Mensch, gar nicht weniger Gene besitzen müssen. Der Wasserfloh hat 30.000 Gene und der Mensch nur 22.500 Gene – das habe ich schon gesagt. Beim Menschen ist offensichtlich folglich eins plus eins nicht zwei, sondern viel mehr. Wie viele Proteine entstehen aus wie vielen Genen und wie wirken sie funktionell in einem gigantischen Netzwerk in unserem Körper zusammen? Und jetzt wissen Sie auch, warum man heute von der postgenomischen Zeit spricht: Wir wissen viel mehr über die DNA-Sequenz, aber man arbeitet gerade emsig daran, ihre Übersetzung und Umsetzung zu verstehen.

Nicht gut oder schlecht, sondern individuell

Genetisch ist also jeder Mensch individuell. Was diese genetische Individualität mit den Aspekten der Begabungen zu tun haben könnte, besprechen wir im nächsten Kapitel. Innerhalb meiner Profession „Medizinische Genetik" beschäftige ich mich mit der Frage, inwieweit diese genetische Individualität Konsequenzen für das Auftreten bestimmter Erkrankungen des Menschen haben kann. Ich möchte das an dem Beispiel der genetischen Erkrankung Tuberöse Sklerose erläutern. Ungefähr jedes 6000. Kind kommt mit bestimmten Veränderungen in der Sequenz der Gene TSC1 oder TSC2 zur Welt. Wie schon erläutert, jeder Mensch weist diese Gene auf. Jeder Mensch hat TSC1 und TSC2 sogar zweimal, einmal vom Vater und einmal von der Mutter. Jeder hat seine individuellen Varianten davon. Aber eben 1 von 6000 Kindern wird mit einer Variante in einem der beiden Gene geboren, die kausal im Zusammenhang mit der Entstehung von Tuberöser Sklerose steht. Das klinische Bild dieser Erkrankung kann sehr unterschiedlich sein und es gibt sogar sehr leichte Formen davon. Aber der überwiegende Anteil der Betroffenen zeigt schwere Symptome wie mentale Retardierung, Autismus und Epilepsie. Ausgelöst werden diese Symptome durch unkontrollierte Zellteilung im Körper, die zum Wachstum von zumeist gutartigen, aber sehr vielen Tumoren im ganzen Körper dieser Kinder führen. Diese Tumore, auch Hamartome genannt, findet man zum Beispiel im Herzen, in der Niere, auf der Haut und eben auch im Gehirn, wo sie die oben angesprochenen Symptome auslösen.

Es waren viele Jahre Forschung, an der auch wir beteiligt waren, notwendig, um herauszufinden, was im Körper, in den Zellen dieser kleinen Patienten vor sich geht, wenn eines der TSC-Gene in eben bestimmten Varianten vorliegt. Erst in den letzten Jahren ist es gelungen, ein genaueres Bild davon zu bekommen. Die Proteine, die von diesen Genen codiert werden, sind in einem Signalübertragungsweg involviert, der von großer Bedeutung in unseren Zellen dafür ist, dass sie sich nicht unkontrolliert weiter teilen, sondern ihre einzelnen Funktionen in unserem Körper erfüllen. Wenn ein TSC-Gen mutiert ist, ist dieser Signalübertragungsweg überaktiv: Die Zelle teilt sich und löst Tumorwachstum aus, wo sich eigentlich nichts teilen sollte. Es hat viele Jahre Forschung (und natürlich auch viel Geld) benötigt, bis herausgefunden wurde, dass ein Medikament mit dem Namen Rapamycin diesen bei jenen Kindern überaktiven Signalweg wieder normalisieren kann. Rapamycin hat seinen Namen von der Osterinsel Rapa Nui, in deren Boden erstmals der Bakterienstamm gefunden wurde, aus dem Rapamycin ursprünglich isoliert wurde. Es laufen gerade weltweit viele klinische Studien, um herauszufinden, wie gut welche Dosierung von Rapamycin diesen Kindern helfen kann. Wenn das auch sicher noch nicht eine vollständige Heilung für Tuberöse-Sklerose-Patienten bedeutet, so sind die ersten Ergebnisse wirklich sehr vielversprechend.

Ich habe das an dieser Stelle beschrieben, um noch einen zusätzlichen Punkt anzusprechen, den ich im vorigen Kapitel schon angedeutet habe. Wir haben uns darüber unterhalten, dass wir die Zukunft nicht kennen und daher eine genetische Variante (wie etwa der dunkle Birkenspanner), von der man heute glauben könnte, sie wäre von Nachteil, morgen schon einen großen Vorteil haben kann. Dieses Postulat der so großen Bedeutung der Individualität gilt aber auch für die Gegenwart. Gemeint ist, dass zur selben Zeit eine Variante, die unter bestimmten Umweltbedingungen (an einer Stelle der Erde) eher von Nachteil ist, an einer anderen Stelle unter anderen Umweltbedingungen von großem Vorteil sein kann.

Es gibt neben den oben erwähnten TSC-Genen noch mehrere tausend andere Gene des Menschen, die eine Rolle bei Erkrankungen spielen. Eines davon ist das Hämoglobin-Gen. Mutationen in diesem Gen führen zur Sichelzellenanämie. Das ist eine variable Multiorganerkrankung, die in schwerer Form zu starken geistigen und körperlichen Entwicklungsverzögerungen führt. Im Gegensatz zur Tuberösen Sklerose, bei der eine Mutation in einem der beiden TSC-Gene ausreicht (dominant), dass das Krankheitsbild auftritt, folgt die Sichelzellenanämie einem rezessiven Erbgang. Das Tragen nur einer Mutation in einem der beiden Hämoglobin-Gene führt zumeist wenn überhaupt nur zu einer sehr leichten Form. Das typische klinische Bild tritt dann auf, wenn beide Gene mutiert sind. So können zwei Menschen aufeinander treffen, die beide heterozygote Träger einer Mutation sind (also nur in einem Gen eine Mutation haben und daher eher symptomlos sind), die im Zuge der Fortpflanzung ein 25-prozentiges Risiko tragen, Kinder zu bekommen, bei denen beide Gene mutiert sind (homozygot). Wir haben schon gesagt, man erbt immer ein Gen von der Mutter und eines vom Vater. Mit einem 25-prozentigen Risiko erbt das Kind zweier Überträger sowohl von der Mutter als auch vom Vater das jeweilige mutierte Gen, besitzt dann zwei mutierte Anlagen und wird krank.

Im Sinne unserer Diskussion über die Bedeutung von Individualität könnten wir wieder Zurufe bekommen, wie etwa „Individualität ja, aber nicht um jeden Preis!" Wer braucht ein mutiertes Hämoglobin-Gen? Wozu diese Individualität, wenn sie doch offensichtlich Nachteile in sich birgt, ja sogar Krankheiten verursacht? Weil sie in Zukunft einmal von Vorteil sein wird? Vielleicht auch. Aber sie ist es auch schon in der Gegenwart! Heterozygote Träger von Mutationen im Hämoglobin-Gen bekommen nicht nur keine Sichelzellenanämie in ihrem vollen Erscheinungsbild, sie sind auch gegen die schwere Verlaufsform der Malariainfektion geschützt. Es gibt verschiedene Erklärungsmodelle dafür, die im Wesentlichen auf zellulärer und biochemischer Ebene angesiedelt sind. So hat das Tragen einer Mutation in einem Hämoglobin-Gen in unseren Breitengraden eigentlich eher nur Nachteile (oder wir wissen es aktuell einfach noch nicht besser), nämlich unter Umständen ein erhöhtes Risiko, Nachkommen mit Sichelzellenanämie zu bekommen. In den typischen Malariagebieten hat es aber klare und wesentliche Vorteile, ein mutiertes Gen zu haben (Heterozygotenvorteil). Es ergibt sich dadurch natürlich logischerweise auch, dass mutierte Hämoglobin-Genvarianten in den Malariagebieten wesentlich häufiger auftreten als bei uns.

Die Evolution setzt kompromisslos auf Individualität

Der Heterozygotenvorteil ist ein beeindruckendes Beispiel dafür, warum Genvarianten, die unter bestimmten Umständen von Nachteil sind, weil sie Krankheiten verursachen, trotzdem in der Evolution überlebt haben und weiter überleben. Die Evolution testet im Sinne von „Survival of the fittest" stets, ob eine Variante von Vor- oder Nachteil ist. Aber warum gibt es dann Krankheit verursachende Genvarianten – immer wieder und seit langer Zeit? Einerseits, weil sie eben, wie oben beschrieben, unter anderen Umständen Vorteile haben können. Wir kennen mittlerweile eine schon beachtliche Zahl solcher Konstellationen – und unser Wissen darüber nimmt ständig zu. Andererseits führen bestimmte Genvarianten zu Erkrankungen, die vielleicht erst später im Leben auftreten, vielleicht eben erst nachdem sich der Träger bereits fortgepflanzt hat.

Die Kraft der Individualität, von der ich in diesem Buch spreche, finde ich aber vor allem im Zulassen zufälliger Neuvarianten. Die Evolution setzt alles auf diese Individualität. Im Zuge der sexuellen Fortpflanzung entstehen immer und immer neue Varianten – manche mit Vorteilen, manche mit Nachteilen aus heutiger Sicht. Die Evolution verlässt sich aber keinesfalls auf das aktuell gerade Vorteilhafte oder Bewährte. Sie schafft dennoch immer wieder unzählige verschiedene Varianten. Sie setzt auf diese Individualität und diesen Variantenreichtum, weil sie weiß, dass die Umwelt keine Konstante ist. Und weil sie weiß, dass das Streben nach Durchschnitt (und schließlich nach möglichst vielen Gleichen) auf die vielen unvorhersehbaren Szenarien von Morgen keine Antwort bietet. Der Zoologe Josef Reichholf schreibt in seinem spannenden Artikel „Wozu braucht die Welt Zigtausende verschiedener Schnecken?": *„Die Wechselfälle und Veränderungen, auch die großen Katastrophen der Erdgeschichte, überlebten in aller Regel jene Stammeslinien am besten, die besonders große Artenvielfalt entwickelt hatten. Irgendein Spross einer solchen artenreichen Gruppe überstand auch die größten Katastrophen, selbst wenn noch so viele andere aussterben mochten. Gruppen mit geringer Mannigfaltigkeit dagegen gingen meistens völlig zugrunde ... Die zusammen mindestens 50.000 Arten von Schnecken und Muscheln, die es gegenwärtig gibt, kommen in nahezu allen Lebensräumen auf der Erde vor ... Als Tierstamm überlebten die Weichtiere schon mehr als 400 Millionen Jahre. In der evolutionären Königsdisziplin Überleben sind sie damit bereits hundertmal erfolgreicher als die Art Mensch!"*

Eine andere Gefahr des Gleichen

In der Einführung meines Buches „Die Macht der Gene" habe ich davon erzählt, dass meine Frau (eine deutsche Biologin) und ich durch die Gegend meiner Vorfahren und Verwandten im oberösterreichischen Mühlviertel gefahren sind. Bei den ersten dieser Ausflüge hatte ich den Eindruck, dass meine Frau sich darüber Gedanken macht, ob das „besondere" Äußere der Mühlviertler, das ich ja auch repräsentiere, nun mehr von der Umwelt oder mehr genetisch beeinflusst wäre. Ich habe ihr unterstellt, dass sie sich im zweiten Fall leicht besorgt darüber zeigen könnte, dass unsere Kinder eines Tages zumindest teilweise auch dieses „typische" äußere Erscheinungsbild bekommen beziehungsweise entwickeln könnten. Erst nach dem Erscheinen dieses Buches hat mir meine Frau einmal erzählt, dass das schon so seine gewisse Richtigkeit hatte, wie ich es beschrieben habe. Fast mehr Sorgen habe ihr damals aber die Tatsache gemacht, dass mir viele der Menschen, die wir auf den verschiedenen Bauernhöfen besuchten, äußerst ähnlich gesehen haben! Tatsache ist ja auch, dass in der Tat viele der Besuchten mehr oder weniger weitschichtig mit mir verwandt waren. Und schon haben wir gemeinsam über eingeschränktes Fortpflanzungsspektrum gewitzelt (auch heute gibt es in dieser Gegend nur wenig Ausgeh- und Jugendtreffmöglichkeiten). Wir kamen sogar zu dem Schluss, dass für das langfristige Überleben der Mühlviertler in dieser Gegend die Einführung des Postbusses existenziell war – sonst würden dort heute alle aussehen wie ich. Spaß beiseite …

Aber genetisch gesehen ist die Fortpflanzung unter nahen Verwandten, also mit geringer biologischer Individualität, in der Tat gefährlich. Ich bitte mich jetzt nicht falsch zu verstehen, das hat mit dem Mühlviertel jetzt wirklich gar nichts zu tun. Wir haben ja bereits besprochen, dass man jedes Gen zweimal hat und dass es Erkrankungen gibt, die nur dann auftreten, wenn beide Gene eine pathogene Mutation aufweisen. Ist nur ein Gen betroffen, so entwickelt man die Krankheit nicht, sondern ist lediglich Überträger. Es müssen schon beide Eltern solche Überträger sein, dass sich daraus ein 25-prozentiges Risiko für deren Nachkommen ergibt. Umso näher allerdings zwei Menschen miteinander verwandt sind, desto eher weisen sie genetische Übereinstimmungen auf. Das ist der Grund, warum Verwandtschaftsehen mit einem höheren Risiko verbunden sind, Kinder mit speziellen genetischen Erkrankungen zu bekommen. Auch wenn in bestimmten ethnischen Gruppen (und früher vor allem auch in so manchen Herrschaftsfamilien) Cousin-Cousine-Verbindungen durchaus üblich sind, so muss das grundsätzlich mathematisch auch in diesen Fällen Gültigkeit haben. Von besonderer Bedeutung ist das aber bei Verbindungen noch höherer Verwandtschaftsgrade, wie etwa Bruder-Schwester, Mutter-Sohn oder Vater-Tochter. In Österreich wurde die Tatsache, dass es so etwas gibt, in fürchterlichster Weise in Erinnerung gerufen, als der Fall des mittlerweile rechtskräftig verurteilten Josef Fritzl, der seine eigene Tochter jahrelang in einem Kellerraum gefangen gehalten, vergewaltigt und mit ihr mehrere Kinder gezeugt hat, bekannt wurde.

Umso schwieriger die zu lösende Aufgabe ist, umso individueller sollten die Mitglieder des Teams sein

Die Natur weiß darum, weil es Resultat einer langen evolutiven Entwicklung ist. Je weniger verwandt zwei Menschen sind, umso mehr Individualität im Sinne von genetischer Verschiedenheit zwischen ihnen existiert, umso sicherer ist es für die nächste Generation. Auch in diesem Zusammenhang ist es ein Einfaches, das biologische Wissen auf unsere aktuellen gesellschaftlichen Entwicklungen umzulegen. Wenn sich zwei Systeme, wie etwa zwei Firmen (oder zwei Manager mit sehr ähnlichem Werdegang), die jahrelang das Gleiche gemacht haben, zum Teamwork entschließen, besteht eine hohe Gefahr, dass sie die gleichen Fehler gemacht haben und auch weiter machen werden, ohne dass es ihnen auffällt. Wer sich traut, eine neue individuelle Perspektive zuzulassen, ja einzuladen, Kritik zu üben, erhält die unverzichtbare Chance auf neue Kombinationen und Ansätze. Lassen wir doch viel öfter jemanden über unsere Probleme nachdenken, der solche noch nie hatte! Lassen wir doch öfter einmal Physiker über Genetik nachdenken! Lassen wir doch Schüler über das Lehren nachdenken und Lehrer über Politik! Der andere, der anders Ausgebildete sieht den Baum vielleicht noch in all dem Wald, hat die fachimmanenten Scheuklappen nicht und teilt auch die Angst der Eingeweihten nicht, sich durch naiv wirkende, aber eben oft so brillante Fragen zu blamieren. Erfahrungsgemäß sind Leute, die nicht so lange wie andere auf dem alten Weg gehen, eher bereit, einen neuen zu suchen. Die Bindung an das alte Konzept, an den alten Weg ist geringer.

Das Hydra-Beispiel hat uns gezeigt, dass Verschiedenartigkeit auf der Ebene des Individuums die einzige Chance darstellt, auf Fragen der Zukunft vorbereitet zu sein, von denen wir nicht wissen, wie sie aussehen und wann sie kommen werden. Jetzt sei an dieser Stelle noch eine weitere Ebene notwendiger oder zumindest empfehlenswerter Individualität in unsere Diskussion eingeführt. Auch bei den Teams, Netzwerken und Interaktionen, die wir bilden, ist der Wert derselben umso höher einzustufen, je mehr individuelle Gedanken, Leistungsvoraussetzungen und Erfahrungen daran teilhaben. Natürlich muss sich ein Team seiner Ziele bewusst sein. Natürlich hat es keinen Sinn, in die Fußballnationalmannschaft gute Skifahrer einzuberufen. Aber erstens können im Training Fußballer von den Erfahrungen und Methoden anderer Sportarten enorm profitieren. Das ist ja auch der Grund, warum gemeinsame Trainingseinheiten von Sportlern verschiedener Sportarten so fruchtbar und darum auch so erwünscht sind. Der Fußballer tut schon gut daran, die Sprungkraft eines Skispringers oder Basketballspielers, die Ausdauer eines Marathonläufers, die Antrittsstärke eines Sprinters oder die strategischen Ansätze anderer Teamsportler genau zu studieren. Und zweitens, es steht doch wohl außer Zweifel, dass ein Fußballteam, das aus lauter Mittelstürmern besteht, vollkommen chancenlos ist. Wenn das doch so klar ist, warum verspürt man heute aber überall den Trend und die Sehnsucht nach dem Durchschnitt? Die verschiedenen Gründe, warum es offensichtlich als bequemer und problemloser gilt, Teil des Durchschnitts zu sein, haben wir schon detailliert besprochen. Aber sind wir uns denn alle wirklich bewusst, wie chancenlos dieser Ansatz ist?

Was kümmert uns der Durchschnitt

Sehr oft bekomme ich auf diese Argumentation zu hören: Der Durchschnitt ist nicht das eigentliche Ziel, sondern dass möglichst viele (alle) auf dem definierten hohen Niveau ankommen. Die Grundthese dieses Buches lautet, dass die Elite jeder Einzelne von uns ist (sein kann) und es folglich so viele Eliten wie Menschen gibt. In ihrem lesenswerten Buch „Gestatten: Elite" zitiert Julia Friedrichs einen jungen Iraner, der mit einem Begabtenstipendium in Europa studiert: *„Elite sind für mich Leute, die außergewöhnliche Ideen haben, die über Grenzen hinausdenken und nicht in irgendwelche vordefinierte Fußstapfen treten. Wenn es wirklich so etwas geben würde, dass man sich abhebt von der Masse, dass man nicht nachahmt, was einem vorgegeben wird, dann könnte ich mir vorstellen, dass man so etwas wie eine Aristokratie bildet. Aber so eine Aristokratie im wirklich wahren Sinne. Dass die Elite das, was sie macht, wirklich für das Allgemeinwohl macht und nicht für ihre eigenen persönlichen Ziele."*

Niemand kennt die Probleme von morgen und daher bietet die Förderung höchstmöglicher Individualität den besten Ansatz, vorbereitet zu sein. Daher ist auch die Argumentation des erstrebenswerten höchsten Niveaus nicht schlüssig. Erstens, wer (und wie) definiert das höchste Niveau, wer definiert, was das Beste ist, wenn wir die Probleme der Zukunft überhaupt nicht kennen? Wir würden uns bestimmt sehr oft irren, so lange, bis es fatale Folgen hätte. Und zweitens, angenommen es träte der „sogenannte" Idealfall ein, dass am Ende wirklich alle auf dem höchsten Niveau ankommen. Es würde wieder keinerlei Individualität herrschen! Alle wären gleich, wenn auch auf einem zumindest heute für erstrebenswert gehaltenen hohen Niveau. Wenn alle auf diesem Niveau angelangt wären, wäre dieses Niveau per Definition übrigens wieder der Durchschnitt. Wenn alle auf diesem Niveau angekommen wären, wäre der Mittelwert dieses Niveau.

Der Durchschnitt ist ungerecht

Es gibt auch noch einen anderen Irrglauben, der sich offensichtlich in den Köpfen vieler Entscheidungsträger festgesetzt hat. Wer einen Durchschnitt definiert, ist gerecht, weil der Durchschnitt eher von jedem erreicht werden kann. Wer sich am Durchschnitt orientiert, macht es folglich vielen recht. Wer am Durchschnitt klebt, zeigt nicht mit dem Finger auf den Einzelnen, weder auf den „Hochbegabten" noch auf den „Unterbegabten". Das sei fair für alle. Mein Verdacht? Der Durchschnitt ist viel besser mathematisch beschreibbar und vergleichbar. Der Durchschnitt der Finnen, der Koreaner, der Deutschen, der Österreicher … Politiker, Lehrer, Firmenbosse oder Gruppenleiter bei den Pfadfindern will die Mehrheit hinter sich wissen. Das ist doch irgendwie ein Zeichen von Beliebtheit – oder?

Mir wäre es viel lieber, wir alle würden uns damit rühmen können, alle hinter uns zu wissen. Alle deshalb, weil wir uns nicht am Durchschnitt, sondern am Individuum orientieren. Ich habe auch das Gefühl, dass viele meinen, der Durchschnitt sei vorhersehbarer und darum sollte man mit ihm rechnen. Wenn man eine Meinung vertritt oder eine Aktion setzt, kann man schließlich nicht wissen, wie viele Individuen diese Meinung teilen. Wenn man die Interessen des Durchschnitts in Umfragen erhebt, dokumentiert, berechnet und ins Kalkül zieht, ist man doch auf der sichereren Seite. Ich hoffe, ich habe bisher klarmachen können, dass das nur so lange hält, bis die Zukunft mit einer neuen Frage kommt, die nicht ins Spektrum des Durchschnitts passt.

Ich habe den deutschen Bundesminister a. D. Hans-Dietrich Genscher einmal bei einer gemeinsamen Podiumsdiskussion gefragt, was seiner Meinung nach einen guten Politiker ausmacht. Seine Antwort war: *„Ein guter Politiker vertritt seine tiefste innere Überzeugung auch dann, wenn er eigentlich davon ausgehen muss, dafür abgewählt zu werden"*. Ich fürchte, dass leider die meisten Wahlkampfbeauftragten aller Parteien dieser Welt ihren Spitzenkandidaten das Gegenteil raten: „Sage nie, zumindest im Wahlkampf nie, Dinge, von denen Du nicht ausgehen kannst, dass die Mehrheit Dir recht gibt und Dich dafür auch wählt. Und was Du nach dem Wahlkampf sagst, kann meinetwegen etwas (aber sicher nicht zu viel) individueller sein."

Ich gehe aber sogar einen Schritt weiter und sage, der Durchschnitt ist eigentlich ungerecht und nur sehr schwer zu verkaufen. Natürlich werden ein paar unter uns zufällig bei dem einen oder anderen Aspekt eine Punktlandung am Durchschnitt machen – sei es mit ihrer Meinung oder mit ihren Fähigkeiten. Aber ist es nicht klar, dass die weit überwiegende Mehrheit unter uns eben nicht punktgenau im Mittel liegt? Ergibt sich daraus nicht zwingend, dass der Durchschnitt für die meisten eben nicht repräsentativ ist? Wird der Durchschnitt nicht eigentlich den wenigsten gerecht? Ganz wenige (wenn überhaupt) finden sich genau im Durchschnitt wieder – der Durchschnitt entspricht also den meisten von uns überhaupt nicht und wir finden uns darin auch nicht wieder. Erneut einer der vielen Gründe, warum der Durchschnitt im Grunde der vollkommen falsche Weg ist.

Was ist eigentlich Talent?
Warum Genetik niemals reicht

Ist Talent messbar?

In einem neutestamentlichen Gleichnis (Mt 25, 14–30) wird von drei Knechten erzählt, denen je nach ihren eigenen Fähigkeiten verschieden viele Talente (als Maßeinheit für eine bestimmte Menge Geld) anvertraut werden. Wie aber der Weg des Wortes „Talent" in unseren Sprachgebrauch im Sinne von Begabung war, ist nicht mehr genau nachvollziehbar. Die Wörter Talent und Begabung werden synonym verwendet. Im Duden steht unter Talent *„Begabung, die jemanden zu ungewöhnlichen beziehungsweise überdurchschnittlichen Leistungen auf einem bestimmten, besonders auf künstlerischem Gebiet befähigt"* und unter Begabung *„das Begabtsein; natürliche Anlage, angeborene Befähigung zu bestimmten Leistungen; Talent."* Im Brockhaus-Lexikon findet man unter Talent: *„angeborene Anlage zu guten Leistungen auf einem bestimmten Gebiet."* Und wenn man den Begriff Begabung bei Wikipedia googelt, so liest man dort den Satz: *„… Begabungen setzen stets auch eine genetische Komponente voraus …"* Also „angeboren", also „genetisch" – na, dann ist ja alles klar: Man hat es, oder man hat es nicht. Selbst das einstige chinesische Wunderkind und heutiger Starpianist Lang Lang hat auf die Frage „Was ist Talent?" einmal gesagt: „Man hat es oder eben nicht." Da könnte schon zumindest ein bisschen etwas dran sein. Aber so einfach ist das alles allerdings ganz sicher nicht.

Das größte Problem an den Begriffen Talent und Begabung besteht darin, dass sie etwas beschreiben, was sich unserer Beobachtung und daher auch der Bestimmbarkeit und Messbarkeit eigentlich mehr oder weniger entzieht. Sie denken sich jetzt sicher, aber der Gesang von Elīna Garanča oder das Ballgefühl von Lionel Messi, das höre und sehe ich ja! Was Sie hören und sehen, ist aber nicht notwendigerweise das Talent im Sinne von Leistungsvoraussetzungen, sondern ist das Produkt, der erzielte Erfolg, ist vielleicht die Umsetzung bestimmter Leistungsvoraussetzungen. Ich habe bereits gesagt, dass es besondere Leistungsvoraussetzungen gibt, die je nach Fragestellung meiner Meinung nach größere oder kleinere genetische Komponenten haben. Diese Leistungsvoraussetzungen müssen durch harte Arbeit entdeckt und in eine besondere Leistung (= Erfolg) umgesetzt werden. Das ist eine Grundformel für das Erzielen von Erfolgen und stellt auch die Grundformel meiner Hypothesen dar.

Seit Langem schon wird eine polarisierende Diskussion darüber geführt, ob Talent nun genetisch oder erlernbar ist. Ich finde diese Debatte lähmend und entbehrlich. Eines der vielen Probleme jener Diskussion besteht allerdings darin, dass niemand wirklich definiert, was mit Talent oder Begabung gemeint ist. Meint man eher die besonderen Leistungsvoraussetzungen jedes Einzelnen für das Erzielen besonderer Leistungen, so kann man sich durchaus auch Gedanken über bestimmte genetische Anlagen dafür machen. So ist es etwa vollkommen unbestritten, dass die Stimme jedes Menschen und daher auch die einer Sängerin von der Erstklassigkeit wie einer Elīna Garanča mit der Anatomie des Stimmorgans zusammenhängt und damit körperlich genetische Komponenten eine Rolle spielen. Und es bleibt wohl auch unumstritten, dass für jede Sportart (und eben auch für Fußball) bestimmte körperliche und damit auch genetische Voraussetzungen hilfreich sein können. Meint man mit Talent allerdings das sichtbare Produkt, so hängt das natürlich ganz entscheidend davon ab, mit welcher Intensität, Begeisterung und Konsequenz der Träger bestimmter Leistungsvoraussetzungen bereit ist, diese in eine besondere Leistung umzusetzen und ob man ihm die idealen Möglichkeiten und Voraussetzungen dafür überhaupt bietet. Und schon sind wir bei „Üben, üben, üben" (ich komme gleich darauf zurück).

Die Diskussion über „Genetik ODER Umwelt" (nature or nurture – Natur oder Erziehung) sollte einerseits vorher klären, was man beschreiben möchte, und andererseits auch akzeptieren, dass es, wenn auch vielleicht nicht immer, so doch sehr oft auf „Genetik UND Umwelt" hinausläuft. In seinem Buch „Das Genie in mir" schreibt der deutsche Wissenschaftsredakteur Werner Siefer zu dieser Problematik der unklaren umgangssprachlichen Verwendung sehr treffend: *„Die Einschätzung von Begabung geschieht also aus einem Zirkelschluss heraus: Kann eine Person mehr, gilt sie als begabt. Und warum ist sie begabt? Na sie kann doch mehr!"* Ich habe es schon im Jahr 2008 in meinem Beitrag „Begabung und Genetik" für das Buch „Potenzial und Performanz" so versucht, es auszudrücken: *„Das Talent, die Begabung ist nicht automatisch sichtbar. Sichtbar, messbar und vergleichbar ist nur die besondere Leistung."* Dazu später mehr. Ich möchte jedoch an dieser Stelle wenigstens anmerken, dass es daher auch schwer zu verstehen ist, wenn immer wieder gefordert wird, dass Lehrer Talente entdecken müssen (talentiert wird man nicht durch seine Lehrer?!). Wenn man hierbei Leistungsvoraussetzungen meint, frage ich mich, welche Instrumente Lehrern zur Verfügung stehen, solche zu entdecken. Wenn man aber das Produkt als die besondere Leistung meint, dann kann es der Schüler doch schon. Ich formuliere hier bewusst überspitzt, um noch einmal zum Ausdruck zu bringen, welche Schwierigkeiten durch die fehlenden Definitionen entstehen.

Die „genetische" Ausrede

So etwas hat man, oder man hat es eben nicht! Wenn aber die Frage nach den genetischen Komponenten bei Begabungen, wie gerade beschrieben, doch eigentlich komplizierter ist, wieso ist dann aber die Idee von unausweichlich vorhandenen (oder eben abwesenden) Anlagen für bestimmte Spitzenleistungen in den Köpfen der Menschen so sehr verankert? Ich versuche in Folge ein paar Gründe anzuführen, die diese Meinung gebildet haben könnten, um am Ende des Kapitels dann aber doch auch zu sagen, dass ich so meine Schwierigkeiten mit der Idee habe, „Üben, üben, üben" sei die ganze Wahrheit.

Ein erster möglicher Grund wäre, dass es eigentlich keine angenehmere Ausrede für das Nicht-Erbringen bestimmter Leistungen gibt. „Du weiß ja, so etwas hat man einfach, oder eben nicht, und ich hab' es nicht!" – und schon scheint man sich davon befreit zu haben, jetzt die größten Anstrengungen in die Perfektionierung zu legen. Es ist ja ohnedies aussichtslos. Zurzeit hat sich so etwas wie eine „genetische" Ausrede bei vielen Menschen manifestiert und keiner traut sich so richtig, dagegenzusprechen. Auch deshalb nicht, weil man diese kleine, aber entscheidende Ausrede ja in so bequemer Weise selbst gerne hin und wieder zur Anwendung bringt.

Ich sitze eines lauen Sommerabends beim Heurigen, als sich plötzlich ein sehr übergewichtiger Mann zu mir an den Tisch setzt: „Du, ich habe Dich gestern im Fernsehen gesehen. Gar nicht dumm, was Du so sagst – wir müssen reden." Und schon erzählt mir mein neuer Tischgast, dass ihm nun klar geworden sei, dass das Übergewicht in seiner Familie genetisch sei. Von mir gefragt, wie er denn darauf gekommen sei, antwortete er: „Ist doch klar – ich bin übergewichtig und meine Frau auch!" Als er gerade vollkommen entsetzt die Nase über meine Gegenbemerkung, dass das nur gelten würde, wenn er mit seiner Frau verwandt wäre, rümpfte, kamen seine beiden wirklich auch sehr übergewichtigen Söhne zu uns an den Tisch. Nachdem sie ihre von Wiener Schnitzel schweren Teller auf den Tisch stellten, sagte er etwas forsch: „Na, Herr Genetiker, jetzt sagst Du aber nichts mehr!" Auch Genetiker wollen hin und wieder einfach einen ruhigen Abend beim Heurigen verbringen und so antwortete ich:

„Ich sehe jetzt, was Sic meinen. Ja leider – so etwas hat man, oder eben nicht!" Mit diesem Befund sichtlich zufrieden, machten sich die drei direkt auf den Weg zur Vitrine mit den Nachspeisen. Nicht, dass ich die „genetische" Ausrede nicht auch immer wieder einmal versucht habe. Nur leider war etwa meine Großmutter von Genetik nicht sonderlich überzeugt und antwortete stets auf meinen Versuch, die Ausrede „Ich kann so etwas einfach nicht" geltend zu machen: „Na, dann musst Du es halt üben!"

Ein schwimmendes Huhn?

Natürlich gibt es auch eine Vielzahl wissenschaftlicher Beobachtungen, etwa aus der Verhaltensforschung, die für angeborene genetische Komponenten bei bestimmten Eigenschaften und Verhaltensweisen sprechen. Der Verhaltensforscher und Nobelpreisträger Konrad Lorenz und sein Schüler Irenäus Eibl-Eibesfeldt haben sich intensiv mit den genetischen Komponenten des sogenannten „angeborenen Könnens" beschäftigt (wir könnten im Sinne unserer hier geführten Diskussion von „angeborenen" Begabungen beziehungsweise Talenten sprechen). Sie zeigten in Experimenten, bei denen Enten von Hühnerglucken ausgebrütet wurden, dass sich ein frisch geschlüpftes Entlein ihr Verhalten und das Schwimmen nicht von der Mutter abschauen muss. Entgegen den Bemühungen des „Mutterhuhns", das geschlüpfte Entlein vom Wasser wegzulocken, strebt das Entlein dem Wasser zu und schwimmt. Und es würde ihm nie einfallen, dem Vorbild der nicht biologischen Mutter folgend, nach Körnern zu picken. Das Entlein kann schwimmen – das braucht ihm niemand zu zeigen. Immer wieder hört man in diesem Zusammenhang auch das sicherlich überspitzt beschreibende Beispiel, dass es Menschen gibt, die mehr mit ihren Hunden als mit ihren eigenen Kindern sprechen. Und während die Kinder die Sprache der Eltern nach geraumer Zeit perfekt beherrschen, schaffen Hunde trotzdem nie

73

mehr als zu knurren und zu bellen. Das sind vielleicht Beispiele, die für unsere Diskussion etwas zu kurz greifen, die aber doch klarmachen, dass es für viele Dinge, die wir können, besondere genetische Leistungsvoraussetzungen gibt.

Zwillinge

Eineiige Zwillinge entstehen dadurch, dass nach Verschmelzung einer Eizelle mit einer Samenzelle der sich entwickelnde Embryo noch einmal in zwei Embryonen teilt. Daraus ergibt sich zwingend, dass eineiige Zwillinge genetisch identisch sind – zumindest auf der Ebene ihrer DNA-Sequenz, ihrer ATCG-Sequenz. *„Jedoch führt die Natur selbst Experimente durch, die großen Aufschluss in der ‚Nature or nurture‘-Debatte geben: Die Bildung von eineiigen Zwillingen, die genetisch identisch sind. Durch die Analyse von eineiigen Zwillingen, die zusammen in einer Familie oder getrennt aufwuchsen, kann man herausfinden, welche Anlagen und Merkmale konstant sind, d. h. genetisch gesteuert und welche durch das jeweilige Milieu beeinflusst werden ... Etliche, aber natürlich nicht alle unsere Merkmale und Verhaltensweisen sind genetisch determiniert. Andere lassen uns mehrere Optionen zu und sind sehr stark durch Milieu und Lernen zu beeinflussen ... Vergleichende Untersuchungen belegen aber, dass die menschliche Natur weder vollständig genetisch determiniert ist, noch alleine durch das Milieu oder Lernen erklärt werden kann. Nature und Nurture sind wichtige Partner, die sich wechselseitig beeinflussen"*, schreibt dazu etwa Prof. Michael Wink in „Vererbung und Milieu".

Betrachtet man eineiige Zwillinge mit der Frage im Hinterkopf, was sie stets oder sehr oft gleich haben, also wo Gene eine größere Rolle spielen, so fallen sofort die Aspekte der Äußerlichkeiten auf. Eineiige Zwillinge sehen sich sehr, oft zum Verwechseln, ähnlich. Körpergröße, das Geschlecht, Augenfarbe, Haut-

farbe, Haarfarbe und vieles mehr sind sehr stark genetisch determiniert. Darüber gibt es keine Zweifel. Die Forschungen der
letzten Jahrzehnte haben aber auch gezeigt, dass bei der Entwicklung von Eigenschaften und Verhaltensweisen des Menschen
Gene zwar auch eine Rolle spielen, die Umwelt aber von größter
Bedeutung ist. So komplexe Merkmale des Menschen, die wir
gerne später als „so etwas wie" eine Begabung beschreiben würden, oder etwa auch Intelligenz, haben ohne Zweifel multifaktorielle Entstehungsgeschichten. Es spielen also Gene und Umwelt,
gegenseitig unverzichtbar, zusammen.

Prof. Hubert Markl von der deutschen Max-Planck-Gesell-
schaft betont konsequent schlussfolgernd in seinem Artikel „Wider die Gen-Zwangsneurose" im Band „Vererbung und Milieu":
„… dass Gene auch beim Menschen nicht nur für die Fabrikation
von Haar- oder Augenfarben, Leberenzymen, Wachstumsstö-
rungen … zuständig sind, sondern als ganzes Genom an der Entwicklung und Entfaltung aller Eigenschaften des ganzen Menschen, also auch seines Verhaltens ursächlich beteiligt sind." Und
Prof. Franz E. Weinert zieht in seinem Artikel „Begabung und
Lernen. Zur Entwicklung geistiger Leistungsunterschiede" (im
selben Buch) weiters den Schluss: „Die klassische Alternative, ob
Lernen und unterschiedliche Intelligenzleistungen durch die Natur festgelegt sind und/oder durch gezielte Bildungseinflüsse
entstehen, ist nicht zugunsten einer der beiden Seiten der Alternative zu entscheiden … Der pädagogischen Utopie einer Egali-
sierung unterschiedlicher Intelligenzleistungen durch eine Bil-
dungsoffensive, wie man sie in den 60er Jahren propagierte, ist
ebenso eine Absage zu erteilen, wie den Genen als naturwüch-
sigen Anlagen … die alleinige Verantwortung zuzuweisen …"
Der renommierte deutsche Hirnforscher Prof. Gerhard Roth hat
in einem Interview aus dem Jahr 2011 zusammengefasst, was es
aus Sicht der Hirnforschung dazu festzuhalten gibt: „Das kann
man heute aufgrund von Studien an eineiigen Zwillingen, die
getrennt aufgewachsen sind, ziemlich genau sagen: Die Intel-

ligenz eines Menschen etwa ist zu 50 % angeboren. Auf diesen Wert kommen alle Experten, gleich welchen ideologischen Lagers. Aber: Es gibt nicht das eine Intelligenz-Gen, ja noch nicht einmal mehrere spezifische Intelligenz-Gene. Man vermutet, dass ... etwa 15.000 Gene fürs Gehirn zuständig sind."

Es wurden unzählige wissenschaftliche Studien dazu durchgeführt. Es wurden unglaublich viele Bücher darüber geschrieben. Und es wurden noch mehr Interviews dazu gegeben. Aber der Schluss der Wissenschaft ist klar: Der Mensch ist stets das Produkt der Wechselwirkung zwischen Genetik und Umwelt. Für die Diskussion, die wir in diesem Buch führen, bleibt zu sagen: Einmal spielen Gene eine geringe Rolle und ein anderes Mal entscheiden sie aber mit – je nachdem, ob es sich etwa um sportliche beziehungsweise handwerkliche, künstlerisch-musische, wissenschaftliche oder Management-Leistungen handelt. Selbst das Glücklichsein folgt diesem Konzept. Ich werde in den folgenden Kapiteln zu jedem dieser Aspekte noch mehr sagen. An dieser Stelle also noch einmal zusammengefasst:

Es ist mir unverständlich, warum es immer noch (einzelne) Menschen gibt, die denken, allein unsere Gene bestimmten unser Leben, genauso wie ich es nicht verstehen kann, warum so manche immer noch die Meinung vertreten, die Umwelt entscheidet unser Schicksal ganz allein.

Üben, üben üben?

Wohingegen man sehr wenig bis gar nichts mehr davon hört, dass jemand wirklich ernsthaft den reinen Gen-Determinismus vertritt, ist gerade in den letzten Jahren eine Vielzahl von Büchern erschienen (ich habe ein paar davon im Literaturverzeichnis angeführt), die die Meinung propagieren, biologische genetische Komponenten von Begabungen existieren so gut wie gar nicht (oder schon, sind aber nicht von Bedeutung – das bleibt eigentlich unklar), alles ist nur „Üben, üben, üben". Man muss natürlich sofort die von uns bereits geführte Diskussion bezüglich der nicht immer klaren Verwendung der Begriffe Talent oder Begabung in Erinnerung rufen. In vielen dieser Bücher wird leider nicht deutlich, ob der Autor im Zusammenhang mit Talenten nun von besonderen Leistungsvoraussetzungen spricht oder ob es um das Produkt, also den erzielten Erfolg geht. Ich habe einige dieser Bücher gelesen. Sehr oft war klar von Letzterem die Rede.

Ausgelöst wurden viele dieser Bücher, so meine ich, durch die Forschungsergebnisse von Anders Ericsson, der beginnend in den 1990er-Jahren empirisch seriös zeigen konnte, dass hervorragende Leistungen (im Sinne von Erfolg) des Menschen ohne langjähriges Lernen und Üben unmöglich sind. So unbestritten korrekt das ist, so sehr muss die Frage erlaubt sein, inwieweit daraus der sehr oft über das Ziel hinausschießende Schluss gezogen werden darf, dass Gene überhaupt keine Rolle spielen. Verschiedene Autoren zitieren etwa als Beleg für die so große Bedeutung der Umwelt Studien, die zeigen, dass in Kanada jene Eishockey-Spieler die besten wurden, die im Januar geboren wurden, weil der Stichtag zur Zulassung für eine Altersgruppe im Eishockey der 1. Januar ist. Ein Junge, der etwa am 2. Januar zehn Jahre alt wird, spielt also mit anderen in dieser Altersgruppe, die vielleicht erst etwa ein Jahr später zehn Jahre alt werden, was ihm einen enormen körperlichen Vorteil bringt. Es wird da von der 10.000-Stunden-Regel gesprochen und der Schluss gezogen, dass jeder Mensch, der zu den Besten gehört, einfach nur mehr geübt hat als die anderen. Würde man also jeden Tag etwa drei Stunden an der Perfektionierung einer Sache arbeiten (üben), so müsste man also 3333 Tage, oder über 9 Jahre, jeden Tag (!) üben. Und da man nicht jeden Tag üben kann (soll) ...

Es wird weiters sogar davon erzählt, dass die unglaublichen Errungenschaften der Beatles der Tatsache zuzuschreiben sind, dass sie aufgrund glücklicher Umstände mehr Gelegenheiten für Auftritte hatten als andere Bands ihrer Zeit. (Letzteres Beispiel ist für mich deshalb so verblüffend, weil ich nicht verstehen will, wie durch wiederholtes Spielen bei Auftritten eine schlechte Musiknummer zu einer guten werden kann?) Bevor ich in den folgenden Kapiteln meine Ansichten zu den verschiedenen Begabungsbereichen darlege, möchte ich an dieser Stelle verallgemeinernd und daher auch etwas ungenau zu all diesen Büchern sagen:

1.) **All diese lesenswerten Bücher, die die große Bedeutung der Umwelt, der glücklichen Umstände, des Übens etc. für die Erbringung besonderer Leistungen herausheben, haben recht.** Der Mensch mit all seinen besonderen Eigenschaften und Leistungen ist niemals und bei nichts auf seine Gene reduzierbar. Jede besondere Leistungsvoraussetzung wird erst durch die harte Arbeit, sie zu entdecken und umzusetzen, zu einer besonderen Leistung. Vollkommen unumstritten.

2.) **All jene Bücher, die allerdings daraus schließen, dass genetische Anlagen überhaupt keine Rolle für die Erbringung von besonderen Leistungen spielen, haben unrecht.** Der Mensch mit all seinen Eigenschaften und Leistungen ist das Produkt der Wechselwirkung zwischen Genetik und Umwelt. Beim einen Mal spielt das eine, beim anderen Mal das andere eine größere Rolle. Was mich an vielen dieser Bücher stört, ist der nicht zulässige Umkehrschluss. Wenn es doch klar ist, dass Üben größte Bedeutung hat, so heißt das nicht, dass jeder, der gleich viel übt, das Gleiche erreicht. Und das wird leider des Öfteren suggeriert. Nicht jeder, der 10.000 Stunden übt, wird ein Geiger von Weltruf, nicht jeder, der im Januar geboren wird und Eishockey trainiert, ein Weltstar, und nicht jede Band, die so viele Auftritte absolviert wie die Beatles, komponiert „Let it be" oder „Yesterday".

3.) **Viele dieser Bücher treiben den gesamten Text hindurch ein Verwirrspiel dazu, worüber sie eigentlich reden.** Zu sagen, „Talent ist erlernbar", ohne zu definieren, was man überhaupt mit Talent meint, ist lediglich irritierend. Buchstatements wie etwa „Talent wird oft grenzenlos überschätzt" zeigen diese Problematik klar auf. Diese Statements können mit Talent wohl nur den genetischen angeborenen Anteil einer besonderen Leistung meinen (niemand käme auf die Idee, ein Buch darüber zu schreiben, dass das Ergebnis, also die Leistung selbst, überschätzt wird – oder?). Damit können diese Autoren also offensichtlich nur meinen, dass es so etwas gibt wie ein genetisches Talent und dass man dem unter Umständen nicht zu viel Bedeutung beimessen sollte, weil die Umwelt doch so wichtig ist. Dem schließt sich bedenkenlos auch die oben erläuterte heute vorherrschende wissenschaftliche Meinung an (Umwelt und Genetik).

Interessanterweise steht aber in vielen dieser Bücher weiters, dass Talent erlernbar ist. Das stellt jetzt allerdings einen Widerspruch dar. Jetzt meinen die Autoren mit demselben Wort offensichtlich das Produkt, also die erbrachte Leistung (die unumstritten durch die Wechselwirkung besonderer Leistungsvoraussetzungen und harter Arbeit entsteht). Malcolm Gladwell schreibt im Kapitel „Die 10.000-Stunden Regel" seines Bestsellers „Überflieger. Warum manche Menschen erfolgreich sind – und andere nicht": *„Gibt es so etwas wie angeborenes Talent? Die meisten von uns würden diese Frage vermutlich mit Ja beantworten. Nicht jeder im Januar geborene Eishockeyspieler wird ein Profi. Das schaffen nur wenige, und zwar die mit dem angeborenen Talent. Leistung ist Talent plus Ausbildung. Nur: Je genauer sich Psychologen die Biografien der Begabten ansehen, umso unwichtiger wird das Talent und umso wichtiger die Ausbildung."* Ich finde dieses Buch wirklich äußerst spannend mit vielen großartigen Ideen. Ich kann auch mit der Meinung, dass bei Eishockey die Ausbildung eine enorme Rolle spielt, sehr viel anfangen. Was ist allerdings mit dem Begriff „Begabten" in diesem Zitat gemeint? Auch die deutsche Übersetzung des Buches Gladwells (im englischen Original lautet der Titel „Outliers. The Story of Success") verwendet die

Synonyme „Begabung" und „Talent" offensichtlich einmal für die angeborene Leistungsvoraussetzung und einmal für das Produkt, die erbrachte besondere Leistung.

Ich will wirklich nicht kleinlich sein – und gerade bei einem so spannenden und ideenreichen Buch. Aber vielleicht ist die Polarisierung der Diskussion um Genetik und/oder Umwelt auch nur das Resultat einer etwas saloppen Verwendung bestimmter Wörter. Wir alle machen das – niemand ist davor gefeit. **Ich versuche in diesem Buch das Wort Talent oder Begabung vorwiegend für die besonderen individuellen genetisch mitbestimmten Leistungsvoraussetzungen zu verwenden. Der Erfolg ist für mich die besondere Leistung, die durch harte Arbeit daraus entstehen kann.**

Genetisch, weil vererbt?

Zum Abschluss dieses Kapitels will ich noch ein anderes oft verwendetes Argument für genetische Aspekte von Begabungen zumindest infrage stellen. Die Tatsache, dass große Musiker häufig Kinder mit Musikerkarrieren oder erfolgreiche Sportler oft auch enorm erfolgreiche Sportler als Kinder haben, führt heute noch immer wieder zu Diskussionen über Familien mit bestimmten offensichtlich vererbten Talenten. Im Juni 2007 fand in Wien eine öffentliche Podiumsdiskussion statt, an der neben anderen der Biochemiker Prof. Roger D. Kornberg, der den Nobelpreis für Chemie im Jahr 2006 erhielt, und auch ich teilnahmen. Roger D. Kornberg ist beeindruckenderweise der Sohn des Biochemikers Prof. Arthur Kornberg, der 1959 den Nobelpreis für Medizin bekam. Als er nach der Veranstaltung von einem Journalisten darauf angesprochen wurde, zwinkerte er mir zu, sagte „It's all about genes!" und hat lachend mit den Achseln gezuckt. Es war uns allen mehr als klar, dass man den Nobelpreis nicht vererben oder ererben kann. Und inwieweit seine Wissenschaftlerkarriere etwas mit seinen Genen zu tun hat, wurde überhaupt nicht weiter diskutiert. Was wir aber diskutiert haben, war die Tatsache, dass sein Vater ihm sicher so manches „vererbt" hat – ganz ohne Genetik … als Erzieher, als Vorbild, als Freund, als wissenschaftlicher Kollege …

Richard Dawkins spricht in seinem Buch „Das egoistische Gen" von „Meme" (Einzahl: das Mem) als Einheiten der kulturellen Vererbung: *„Beispiele für Meme sind Melodien, Gedanken, Schlagworte, Kleidermoden, die Art Töpfe zu machen oder Bögen zu bauen. So wie Gene sich im Genpool vermehren, indem sie sich mit Hilfe von Spermien und Eizellen von Körper zu Körper fortbewegen, verbreiten sich Meme im Mempool, indem sie von Gehirn zu Gehirn überspringen, vermittelt durch einen Prozess, den man im weitesten Sinn als Imitation bezeichnen kann. Wenn ein Wissenschaftler einen guten Gedanken hört oder liest, so gibt er ihn an seine Kollegen und Studenten weiter. Er erwähnt ihn in seinen Veröffentlichungen und Vorlesungen. Findet der Gedanke neue Anhänger, so kann man sagen, dass er sich vermehrt, indem er sich von einen Gehirn zum anderen ausbreitet."* Ich habe gerade die Idee der Meme an Sie, liebe Leserinnen und Leser, „vererbt", und dies ganz ohne, dass wir verwandt wären.

Ich möchte an dieser Stelle deutlich machen, dass sich daraus auch ergibt, dass die biologische Elternschaft, was die Weitergabe von genetischen Leistungsvoraussetzungen betrifft, von Bedeutung sein kann, dass aber die Entdeckung und Förderung von Talenten, das Vorbild, die Schaffung und Bereitstellung von Möglichkeiten und vieles mehr auch „vererben" kann, und das ganz ohne Gene. Und es kommt noch etwas dazu …

81

Epigenetik und Talente

Der Mensch wird zum Menschen

Den Begriff „Genom" haben wir bereits an anderer Stelle in diesem Buch einmal als das „Erbgut" definiert. „Das Genom ist die Gesamtheit der genetischen Information, die mithilfe der DNA vererbt wird", lautet eine andere oft verwendete Definition. Ein Mensch beginnt durch die Verschmelzung von Ei- und Samenzelle zu entstehen, wobei zuerst einmal eine einzelne befruchtete Eizelle gebildet wird, aus der sich in Folge der gesamte Mensch entwickelt. Der Körper des Menschen hat unzählige Zellen, aber nur etwa 220 verschiedene Zelltypen – Hautzellen, Nervenzellen, Muskelzellen etc. Wenn in den entsprechenden Fernsehserien einmal aus Blut, einmal aus Samenzellen oder ein anderes Mal aus Hautschuppen DNA isoliert wird, um dadurch den Täter durch sein individuelles DNA-Profil zu überführen, so setzt das etwas Wichtiges richtig voraus. Jede Zelle des Menschen hat das gleiche Genom. Alle Zellen eines Individuums verfügen über das gleiche Erbgut. In jeder unserer Zellen sind die etwa vielleicht 22.500 Gene in unseren individuellen Varianten (einmal vom Vater und einmal von der Mutter) mit unseren individuellen ATCG-Sequenzen vorhanden.

Wenn die Hautzellen, Nervenzellen und Muskelzellen eines Menschen aber genetisch identisch sind, warum sind diese Zellen dann doch so verschieden und haben so verschiedene Funktionen? Die Antwort auf diese Frage ist zumindest teilweise das, was man unter dem Begriff Epigenetik zusammenfasst (es spielen dabei auch noch andere Mechanismen eine bedeutende Rolle). Vereinfacht ausgedrückt verwendet die Hautzelle nur einen Teil der

Gene und schaltet eine Vielzahl der vorhandenen Gene einfach ab (sie werden dann nicht in RNA oder Protein übersetzt). Und eine Nervenzelle hat zwar die gleichen Gene, verwendet aber ein anderes Set davon. Alle Zellen besitzen alle Gene. Entscheidend ist, welche Gene davon abgeschaltet sind und schließlich nicht „verwendet" werden.

Man kennt heute bereits über 20 verschiedene molekulare epigenetische Mechanismen, die die Verwendung unserer Gene steuern können. Viele davon beruhen darauf, dass die DNA sowohl kurz- als auch langfristig Verbindungen mit verschiedensten anderen Molekülen eingehen kann. Die DNA liegt sozusagen nicht nackt vor. Die für die Nervenzelle, Hautzelle, Muskelzelle und alle anderen Zelltypen unseres Körpers spezifischen Ein- und Ausschaltmuster (die man auch Genexpressionsmuster nennt) bilden sich während der Zelldifferenzierung, also etwa während der Entstehung der verschiedenen Zelltypen aus Vorläuferzellen. Wenn die Hautzelle einmal eine Hautzelle ist und ihre DNA das entsprechende chemische Muster (das entsprechende Kleid) hat, so kann nach ihrer Zellteilung dieses Muster von der Mutterzelle auf die beiden Tochterzellen weitergegeben, „vererbt" werden. Dadurch wissen die Tochterzellen wieder, dass sie Hautzellen sind. Verantwortlich dafür sind eben epigenetische Mechanismen. Der Molekularbiologe und Epigenetik-Forscher Prof. Gary Felsenfeld sagt dazu: *„Epigenetik ist das Studium von vererbbaren Veränderungen der Genfunktion, die nicht durch Veränderungen der DNA-Sequenz erklärt werden können."*

Wie können aber Gene nachhaltig und weitergebbar ein- und ausgeschaltet werden? Welcher Mechanismen bedient sich in diesem Zusammenhang die Epigenetik? Sehr vieles davon ist bereits erforscht und noch mehr davon gilt es zu klären. Die DNA kann etwa durch Methylierung direkt chemisch modifiziert werden. Oder die Aktivität bestimmter DNA-bindender Proteine, der Histone, kann durch Acetylierung reguliert werden … um nur einige zugrunde liegende Mechanismen zu nennen. Das Ergebnis ist aber stets gleich. Es wird dadurch die Verwendung der Gene (die Übersetzung der DNA in Richtung Protein) nachhaltig beeinflusst, ohne dabei die Sequenz der DNA, die ATCG-Sequenz zu verändern.

Wie wird man Königin?

Biston betularia (Sie wissen, der Birkenspanner) entwickelt sich natürlich komplett anders als der Mensch. Zuerst entsteht eine Raupe, die sich von Blättern ernährt. Danach kommt es zur Verpuppung und schließlich schlüpft ein schöner Schmetterling. Ich erzähle das an dieser Stelle noch einmal, weil sich auf Ebene der DNA-Sequenz, der Gene, im Zuge dieser wundersamen und wunderschönen Metamorphose nichts ändert. Die Raupe nimmt keine Gene dazu, entledigt sich keiner Gene und verändert auch die Gensequenz nicht, wenn sie schließlich zum Schmetterling wird. Die Raupe und der Schmetterling haben das gleiche Genom!

Sie verwenden die Gene nur anders. Und auch das epigenetische Muster (das Epigenom) der Raupe ist anders als das des Schmetterlings. Diese Metamorphose zum adulten Tier ist äußerst beeindruckend und zumindest teilweise auch eine Konsequenz epigenetischer Mechanismen. Vieles muss allerdings noch erforscht werden.

Ein nicht weniger faszinierendes Beispiel für die Konsequenz epigenetischer Prozesse findet man im Bienenvolk. Einmal entstehen aus den Eiern derselben Königin sterile Arbeiterinnen und selten entwickelt sich daraus eine äußerst fruchtbare Königin. Die Ernährung mit Gelée Royale macht den Unterschied. Die Königin ist fruchtbar, viel größer, zeigt ein komplett anderes Verhalten und lebt wesentlich länger. Und all diese enormen Unterschiede werden durch Epigenetik reguliert. Dieses Beispiel verdeutlicht auch, wie sehr etwa Lebenserwartung und Verhalten gleichfalls von außen gesteuert sind.

Von der Unterschiedlichkeit eineiiger Zwillinge

Wir haben gesagt, dass jeder Mensch die gleichen Gene aufweist und dass der Unterschied zwischen zwei Menschen nur etwa 0,1 Prozent in der Sequenz ihrer DNA ausmacht. Nachdem wir aber mittlerweile auch wissen, dass sich eineiige Zwillinge aus ein und derselben befruchteten Eizelle entwickeln, ist uns klar, dass der genetische Unterschied auf Ebene der DNA-Sequenz bei den beiden null Prozent beträgt. Nun, warum sind dann aber eineiige Zwillinge in vielen Belangen so unterschiedlich? Sie sehen sich oft zum Verwechseln ähnlich – gut. Unser Aussehen, Haarfarbe, Augenfarbe, Geschlecht etc. sind äußerst stark genetisch bestimmt. Aber sonst?

Das Meiste und auch das Spannendste, was den Menschen zum Menschen macht, wird multifaktoriell, also durch das Zusammenspiel von Genetik und Umwelt gesteuert. Wir haben diese Diskussion bereits geführt. So komplexe Dinge wie etwa das Verhalten des Menschen oder auch seine Neigungen sind genetisch mitbestimmt – auch das haben wir schon besprochen: einmal mehr und im anderen Fall wieder weniger. Dabei spielen aber Umwelteinflüsse eine enorme Rolle – hierbei ist der Mensch in keiner Weise auf seine Gene reduzierbar. Und damit ist auch klar, warum eineiige Zwillinge eben sehr viele Dinge auch nicht gemeinsam haben. Es wird immer weniger, aber noch vor einigen Jahren musste man stets in den Medien von „ein Gen für Homosexualität", „das Intelligenz-Gen" oder „ein Gen für Aggressivität" hören. Das ist Unsinn. So komplexe Anlagen des Menschen sind einerseits mit Sicherheit von vielen verschiedenen Genen mit beeinflusst und außerdem stets multifaktoriell, als durch das Zusammenspiel von Genetik und Umwelt geprägt. Für die Diskussion, die wir in diesem Buch führen, ist zu sagen, dass es natürlich auch nicht ein Begabungs-Gen gibt. Einen Hauptschalter für begabt oder nicht begabt hat man nicht identifiziert und wird man auch nicht. Begabungen sind multifaktorielle Anlagen, viele Gene und die Umwelt wirken zusammen, einmal mehr das eine und das andere Mal mehr das andere.

Die vielen Unterschiede bei eineiigen Zwillingen lassen sich aber außerdem dadurch erklären, dass sie ihr identisches genetisches Repertoire (auf Ebene der DNA-Sequenz) nicht gleich verwenden. Epigenetische Mechanismen sind dafür verantwortlich, dass eine Hautzelle und eine Nervenzelle verschiedene Gene desselben Genoms verwenden, und ähnlich verhält es sich zwischen dem einen und dem anderen eineiigen Zwilling. Hier ist auch wichtig zu erwähnen, dass sich unser epigenetischer Code im Laufe unseres Lebens mit dem Älterwerden auch ändert. Daraus folgt der Schluss, dass eineiige Zwillinge zwar genetisch identisch sind, ihre epigenetisch gesteuerte Verwendung ihrer Gene jedoch unterschiedlich ist, umso unterschiedlicher, je älter sie sind und desto verschiedenartiger ihr Leben verlaufen ist. Das bedeutet natürlich auch, dass an multifaktoriellen Erkrankungen, die durch das Zusammenspiel von Genen und Umwelt entstehen, der eine Zwilling erkranken kann, während der andere keinerlei Symptome in seinem Leben entwickelt.

Epigenetisch talentiert?

Die oft polarisierende „Nature or nurture"-Diskussion im Zusammenhang mit Talenten beruht zumeist auf semantischen Missverständnissen und ist überholt – das habe ich bereits argumentiert. Entscheidend ist die stetige Wechselwirkung zwischen beiden, Biologie und Umwelt. Um in diesem Buch eine klarere Linie anzubieten und auch, um schließlich diesem Verwirrspiel der Wörter grundsätzlich entfliehen zu können, versuche ich die Begriffe „Talent" oder „Begabung" vorwiegend für die besonderen individuellen genetisch mitbestimmten Leistungsvoraussetzungen zu verwenden. Der Erfolg ist für mich die besondere Leistung, die durch harte Arbeit daraus entstehen kann. Die hier in diesem Kapitel geführte Diskussion zeigt auch, warum diese gezielt gewählte Verwendung mehr Klarheit bietet. Schließlich ist es ja so, dass das Verständnis um die Epigenetik noch viel deutlicher macht, dass Genetik und Umwelt vollkommen untrennbar zusammenhängen. Gene beeinflussen unser Leben. Die Umwelt beeinflusst unser Leben. Und die Umwelt beeinflusst auch die Verwendung unseres genetischen Repertoires, welche Gene wir verwenden und welche wir ausschalten (ob vorübergehend oder langfristig). **Andererseits ist auch klar, die Umwelt kann zwar epigenetisch ein- und ausschalten, aber auch nur das, was genetisch in der individuellen DNA-Sequenz jedes Einzelnen vorhanden ist.** Ja, und dieses unser Epigenom ändert sich sogar mit dem Älterwerden.

Nur um noch einmal die Absurdität des Gott sei Dank nur mehr selten heraufbeschworenen Machtkampfs zwischen Genetik und Umwelt zu verdeutlichen: Würde jemand sagen: „Alles ist Genetik!", so würde er die große Bedeutung der Umwelt im Allgemeinen und auch die Rolle der Umwelt für die Verwendung unseres genetischen Kapitals über epigenetische Mechanismen ignorieren. Würde jemand sagen: „Alles ist Umwelt!", so würde diese Person die Bedeutung der Gene im Allgemeinen und die Tatsache, dass die Umwelt über epigenetische Mechanismen auch direkte Konsequenzen für unsere Gene hat, also genetische Regulationen steuert, ignorieren. Dies gilt vor allem auch für unsere hier geführte Diskussion über Talente und Erfolg: **Nur ein Konzept, das die unverzichtbare interagierende Bedeutung von Genen, Umwelt und Epigenetik berücksichtigt, vor allem auch im Zusammenhang mit Talenten und Erfolg, zeichnet ein sich der Realität näherndes Bild.**

Ich habe eingangs die Aussage zitiert: „Gene sind Bleistift und Papier, aber die Geschichte schreiben wir selbst." Vielleicht sollte man dieses Zitat an dieser Stelle jetzt etwas anpassen: „Die Gene sind Feder und Papier, die Geschichte schreiben wir selbst, und die Tinte ist die Epigenetik."

„In der Debatte, ob Gene oder Umwelt unseren Phänotyp prägen, schwingt das Pendel hin und her, und nach einem extremen Ausschlag in Richtung Genom, von dem es gar nicht wieder zurückzukehren schien, wagt es nun einen weiten Vorstoß zur anderen Seite. Statt jedoch wie gebannt auf die Bewegung des Pendels zu starren, die nicht nur von gesichertem Wissen, sondern auch von gesellschaftlichen und wissenschaftlichen Moden beeinflusst wird, sollten wir uns endlich zu der Erkenntnis durchringen, dass der von uns aufgebaute Gegensatz zwischen nature und nurture ein durch und durch künstlicher ist. Genome sind ohne eine Umwelt, in der sie sich zu bestimmten Phänotypen ausprägen und beweisen müssen, schlicht undenkbar", fasst der Wissenschaftspublizist Bernhard Kegel die Ansicht verschiedener Autoren in den Schlussbemerkungen seines Buches „Epigenetik" zusammen.

Gestresste Gene?

Stress macht krank! Das ist wohl vollkommen unbestritten. Was vielleicht aber so mancher nicht wusste, ist, dass psychische Belastung ganz allgemein starken Einfluss auf die epigenetisch gesteuerte Verwendung unserer Gene nimmt. Dies führt unmittelbar zu einem zeitlebens erhöhten Risiko für das Auftreten einer Reihe stressbedingter Erkrankungen. Dieses faszinierende, noch relativ neue, aber schon sehr gut belegte Forschungsgebiet muss bei unserer Diskussion „Talente und Erfolg" unbedingt Platz bekommen. Ich erkläre gleich, warum. Um zu verdeutlichen, was damit gemeint ist, greife ich exemplarisch zwei ganz aktuelle Wissenschaftsergebnisse heraus. Ein Forscherteam von der University of Wisconsin hat gerade epigenetische Musteranalysen von mehr als hundert Teenagern, die von ihren Eltern während der frühen Kindheit aus verschiedenen Gründen vernachlässigt werden mussten, veröffentlicht. An über hundert verschiedenen

Stellen des Genoms solcher Kinder wurden charakteristische epigenetische Veränderungen nachgewiesen (Essex et al., Child Development 2011). Weiters haben Kollegen von der Universität Konstanz soeben gezeigt, dass Kinder von Müttern, die während der Schwangerschaft misshandelt wurden, ein verändertes epigenetisches Muster an der DNA des Gens des Glucocorticoid-Rezeptors aufweisen, was zu überempfindlichen Stressreaktionen führen kann (Radtke et al., Translational Psychiatry 2011).

So faszinierend diese Beispiele sind, so habe ich sie doch eigentlich aus einem anderen Grund an dieser Stelle erwähnt. Wir haben uns bereits darauf geeinigt, dass „Üben, üben, üben" unverzichtbar für die Umsetzung von besonderen individuellen Leistungsvoraussetzungen in Erfolg ist. Einerseits müssen dafür individuelle Leistungsvoraussetzungen erst einmal entdeckt werden. Und andererseits ist nun auch klar, dass negativer Stress, ausgelöst etwa durch den Druck überehrgeiziger Eltern oder Trainer, theoretisch auch zu epigenetischer „Falschverwendung" des vorhandenen genetischen Repertoires führen kann. Viele aktuelle Forschungsergebnisse in der Epigenetik betonen doch eigentlich, dass die Umsetzung besonderer Leistungsvoraussetzungen in Erfolg nicht extrinsisch erzwungen werden kann. Es muss das intrinsische Interesse von Kindern, ihre Talente in Erfolg umzusetzen, in einem psychisch positiv belegten Umfeld unter für das Kind erfreulichen Bedingungen (Spaß an der Umsetzung, Neugier wecken, Schmerzfreiheit etc.) entfacht werden. Sonst macht all das „Üben, üben, üben" nur krank und unterdrückt etwaige biologische Leistungsvoraussetzungen unter Umständen mehr, als es sie ans Tageslicht bringt.

„Vererbung von Erfahrenem" – erster Teil

Der bereits erwähnte Charles Darwin postulierte ein Evolutionskonzept, das auf Aspekten wie Mutation und Selektion beruht.

Ganz grob gesprochen ist damit gemeint, dass die von uns schon oft angesprochene im Zuge (sexueller) Fortpflanzung durch Mutation entstehende Individualität über Selektion darauf überprüft wird, inwieweit sie von Vor- oder Nachteil ist. Gewisse Zeit herrschte aber eine andere Theorie für das Prinzip der Evolution vor: die Vererbbarkeit im Lauf des Lebens erworbener Eigenschaften auf die nächste Generation. Hierbei war (oder ist) gemeint, dass etwa Tiere Eigenschaften, die sie im Laufe des Lebens erworben (erlernt) haben, an ihre Nachkommen weitergeben können. Es muss an dieser Stelle gesagt werden, dass dieses von dem französischen Botaniker und Zoologen Jean-Baptiste de Lamarck begründete Konzept auch von vielen seiner Zeitgenossen, bis hin zu Darwin, ernsthaft ins Kalkül gezogen wurde. Die Idee von der Vererbung erworbener Eigenschaften an die nächste Generation war damals weit verbreitet. Erst später wurde die Richtigkeit und Bedeutung der Darwinschen Evolutionstheorie klar.

Die oben angesprochenen neuen Erkenntnisse auf dem Gebiet der Epigenetik könnten auch so interpretiert werden, dass Lamarck zumindest nicht vollkommen und immer falsch lag. So weiß man etwa schon aus Studien an Mäusen, dass bestimmte stressbedingte epigenetische Veränderungen auch an die nächste Generation weitergegeben werden können. Wenn der epigenetische Code im Laufe eines Lebens durch Umwelteinflüsse und Lebensweise beeinflussbar ist und gleichzeitig auch zumindest Teile der chemischen Modifikationen der DNA an die nächste Generation vererbbar sind, dann könnte man unter bestimmten Umständen gewissermaßen von Vererbung erworbener Eigenschaften sprechen. Nach aktuellem Stand der Wissenschaft ist und bleibt allerdings die von Darwin postulierte Theorie auf der Basis von Mutation und Selektion die vorherrschend korrekte. Bisher gibt es nur ausgesprochen wenige Belege, dass erworbene (erlernte) Fähigkeiten von einer Generation auf die nächste anhand von epigenetischen DNA-Mustern über Samen- oder Eizellen weitergegeben werden können. Das reicht eigentlich noch nicht wirklich aus, um die Wiedergeburt des Lamarckismus zu feiern, ist aber trotzdem äußerst spannend. Sehr oft werden in diesem Zusammenhang bestimmte überraschende wissenschaftliche Beobachtungen, die Ende der 1990er-Jahre veröffentlicht wurden, zitiert, aber auch kontrovers diskutiert. Sozialmediziner haben in detaillierten Studien an Menschen aus Överkalix, einer kleinen Gemeinde in der schwedischen Provinz Norrbotten, statistische Beweise dafür beschrieben, dass etwa ein Nahrungsüberfluss des Großvaters das Leben seiner Enkel um viele kostbare Jahre verkürzt. Dagegen erhöhte sich die Lebenserwartung der Enkel in etwa demselben Maß, wenn der Großvater Not leiden musste.

Es ist bestimmt noch zu früh, um in diesem Zusammenhang ein klares Bild zeichnen zu können, vor allem weil die wissenschaftlichen Belege noch bei Weitem nicht ausreichen. Wir haben aber gesagt, wir wollen in diesem Buch über die Zukunft nachdenken. Wenn auch vielleicht nur in einem ganz geringen Ausmaß, wenn auch vielleicht nur bei ganz bestimmten Aspekten, so ist es doch verlockend, zumindest anzudenken, dass Eltern auch dadurch zur Umsetzung besonderer Leistungsvoraussetzungen ihrer Kinder in einen bestimmten Erfolg beitragen könnten, indem sich im Laufe ihres Lebens (vor der Fortpflanzung) erworbene Eigenschaften epigenetisch in ihrer DNA festschreiben und sich dann über Samen- und Eizellen vererben. Wie gesagt, der Mensch ist bei all diesen Dingen nicht auf seine Gene reduzierbar, auch nicht auf seine Epigenetik. Wie gesagt, entsprechend wissenschaftliche Belege im eigentlichen Sinn fehlen noch. Und wer weiß, ob sie jemals kommen?

„Vererbung von Erfahrenem" – zweiter Teil

Außerdem würde für diese epigenetisch mitregulierte Vererbung von Erfahrenem, Erworbenem, Erlerntem auf die nächste Gene-

STUFFLE Second Hand

Dein persönlicher QR-Code

Rechnung runterladen
Gratis Retoure erstellen
Kundenservice nutzen
Einfach nur danke sagen :)

Jetzt scannen

ration (so sie jemals in diesem Ausmaß gefunden würde) gelten, dass nur jene Erfahrungen „vererbt" werden könnten, die sich die Eltern vor ihrer Fortpflanzung angeeignet haben. Gene und daher auch ihr eventuelles epigenetisches Muster werden nur in einem „Akt" an die nächste Generation weitergegeben im Zuge der Verschmelzung von Ei- und Samenzelle. Für die Vererbung von Genen und Epigenetik von einer Generation auf die nächste ist danach Schluss. Dies gilt aber nicht für die dritte Art der „Vererbung", die wir auch bereits in diesem Buch besprochen haben. Mit dem unten angeführten Zitat möchte ich Sie an dieser Stelle an das Mem, die Einheit kultureller Vererbung, erinnern.

Susan Blackmore fasst in ihrem bemerkenswerten Werk „Die Macht der Meme" die Bedeutung der Einheit „Mem" wie folgt zusammen: *„Wir Menschen sind erstaunliche Wesen. Unsere Körper sind in der Evolution – genau wie die aller Tiere – durch natürliche Selektion entstanden, und doch unterscheiden wir uns von sämtlichen anderen Geschöpfen in vielfältiger Weise. Wir nutzen Sprache zur Kommunikation. Wir führen Kriege, glauben an Religionen, bestatten unsere Toten und sind bei Sex-Themen peinlich berührt. Wir sehen fern, fahren Auto und essen Eis. Warum sind wir so anders? Als einzige Vertreter unter den Tieren vermögen Menschen andere zu imitieren und können so Ideen, Angewohnheiten, Fähigkeiten, Verhaltensweisen, Erfindungen, Lieder und Geschichten untereinander kopieren. All das sind Meme, ein Begriff, den Richard Dawkins 1976 am Ende seines Buches ‚Das egoistische Gen' geprägt hat. Wie Gene sind auch Meme Replikatoren; sie wetteifern darum, in so viele Gehirne wie möglich zu gelangen, und diese Konkurrenz der Meme hat unseren Geist und unsere Kultur geformt, so wie die natürliche Selektion unsere Körper modelliert hat."*

Meme aller Art können ein Leben lang „vererbt" werden, auch noch weit nach dem Ende der biologisch fortpflanzungsfähigen Zeit. Die Großmutter kann sie ihrem Enkel „vererben" und damit Generationen überspringen. Ja, es ist genauso gut möglich, dass das Enkelkind ein Mem der Großmutter „vererbt" und dadurch existiert auch eine „Vererbung" gegen den Strom der aufeinanderfolgenden Generationen. Und noch viel wesentlicher, die „Vererbung" von Memen ist unabhängig von biologischer Verwandtschaft. Sie erinnern sich, liebe Leserinnen und Leser, ich habe Ihnen bereits das Wissen um Meme an einer vorhergegangenen Stelle dieses Buches „vererbt". Gerade für das Grundkonzept dieses Buches, dass besondere Leistungsvoraussetzungen durch harte Arbeit entdeckt und in eine besondere Leistung (= Erfolg) umgesetzt werden müssen, kann die Bedeutung der Vererbung von Memen nicht hoch genug eingeschätzt werden.

Gen, Mem, Epigem

Vielleicht wäre es Ihnen jetzt nicht eingefallen, ich möchte Ihnen aber trotzdem eine Beschwerde in den Mund legen. Sie könnten kritisieren, dass wir von einer Einheit der Vererbung auf Ebene der DNA, dem GEN gesprochen haben. Außerdem haben wir die von Richard Dawkins geprägte Einheit der kulturellen Vererbung, das MEM kennengelernt. Sie könnten jetzt fragen: „Gibt es auch eine Einheit für vererbbare epigenetische Veränderungen der Genfunktion, die nicht durch Veränderungen der DNA-Sequenz erklärt werden können?" Ich schlage dafür das Kunstwort EPI-GEM vor. Epigem wäre dann also die Einheit der Vererbung epigenetischer Prozesse und könnte zur Beschreibung vererbbarer, durch Umwelteinflüsse ausgelöster epigenetischer Veränderungen der DNA dienen. Es handelt sich um eine von mir gebildete Hybride aus den Wörtern „Epigenetik", „Gen" und „Mem". Das würde dann beinhalten, dass es sich um die Einheit der Vererbung epigenetischer Prozesse handelt, die ja schließlich in chemische Beeinflussung der Gene münden und dadurch ermöglichen, Erfahrenes, Erworbenes, Erlerntes im kulturellen Sinn (Meme) zu vererben.

Das GEN als Einheit der Vererbung auf Ebene der DNA.
Das MEM als Einheit der kulturellen Vererbung.
Das EPIGEM als Einheit der Vererbung epigenetischer Prozesse.

Verschiedene Begabungen

Wie geht man heran?

An der Stelle sollten wir den Begriffen „Talent" und „Begabung" noch ein wenig mehr auf den Grund gehen. Vor allem auch, weil es durchaus schon sehr viele Kategorisierungen in diesem Zusammenhang gibt. Was wir wahrnehmen und messen können, ist nicht Talent, sondern Erfolg oder eben auch Misserfolg. Zu diesem wichtigen Schluss sind wir bereits gekommen. Für Erfolg müssen die individuellen Leistungsvoraussetzungen des Einzelnen entdeckt und durch harte Arbeit in eine besondere Leistung umgesetzt werden. Einmal spielen Gene eine geringe Rolle und ein anderes Mal entscheiden sie aber mit – je nachdem, wovon wir gerade sprechen.

Ich habe mich in den letzten Jahren intensiv mit den Fragen rund um Talentfindung und Talentförderung beschäftigt. Getrieben von dem Motto dieses Buches: Die Talente von heute sind die Antworten von morgen. Ich habe versucht, die aktuelle Literatur unter anderem auch in dem Zusammenhang mit Genetik zu durchforsten. Außerdem war es mir auch sehr wichtig, mit Menschen darüber zu sprechen, von denen man weiß, dass ihre Aufgabe und Leidenschaft gleichermaßen war und ist, Talente zu finden, um sie schließlich auch zu fordern und fördern. Viele dieser Gespräche wurden sogar öffentlich geführt und es bestand dabei für mich und für das Publikum die Möglichkeit, jene Menschen nach den Begriffen „Talent", „Begabung" oder „besondere Leistungsvoraussetzung" zu fragen. Natürlich waren die Antworten nicht deckungsgleich. Andererseits verblüffte es aber auch sehr, wie viele Gemeinsamkeiten die Antworten etwa von Hans

Pum, der als langjähriger Cheftrainer des österreichischen Ski-
nationalteams der wohl erfolgreichste Entdecker von Skitalenten
der Geschichte ist, oder vom ehemaligen langjährigen Wiener
Staatsoperndirektor Ioan Holender, dem Entdecker von unzähligen heute weltberühmten Stimmtalenten, hatten. Ich werde
in den folgenden Kapiteln versuchen, unter den Überbegriffen
„Sport und Handwerk", „Kunst", „Wissenschaft", „Management und Politik" sowie „Glück und soziale Begabungen" zu-
sammenzufassen. Ich werde einerseits über besondere Leistungsvoraussetzungen in diesen Bereichen spekulieren und andererseits
versuchen, Ihnen einen Eindruck zu geben, was die Literatur beziehungsweise meine Gesprächspartner dazu zu sagen haben.
Zuvor aber will ich an dieser Stelle erläutern, wie ich zu jener
Unterteilung beziehungsweise Einteilung der dann folgenden Kapitel gelangt bin.

„Hochbegabt" – ein falscher Begriff?

Die Leistung selbst, den Erfolg also, kann man messen und vergleichen – die Begabung, das Talent im Sinne einer besonderen
Leistungsvoraussetzung per se, eigentlich nicht. Man kann aber
in einer Art Rückschau nach Beobachtung einer besonderen Leistung darüber spekulieren, welche Kategorien an Leistungsvoraussetzungen dafür eventuell notwendig gewesen sein könnten. So
kommt man gewissermaßen zu einer Kategorisierung von etwas
Unbestimmbaren. Diese Unbestimmbarkeit macht es für mich
auch so ausgesprochen schwer, von Hochbegabung beziehungsweise Hochbegabten zu sprechen. Da die Leistungsvoraussetz-
zung, die Begabung selbst also, eigentlich nicht messbar ist, wie
kann sie dann als „hoch" oder „niedrig" eingestuft werden?
Schon wieder kommen wir zu unserer Diskussion betreffend die
verschiedenen Verwendungen der Begriffe „Talent" oder „Begabung".

Ich habe gesagt, was wir sehen und bestimmen können, ist im seltensten Fall die Leistungsvoraussetzung selbst, sondern eigentlich meist nur die Leistung. Daher meint man mit dem Begriff „hochbegabt" doch eher eigentlich, dass man eine besonders herausragende Leistung beobachtet hat, die ganz ohne Zweifel das Produkt aus Leistungsvoraussetzungen (vielleicht besonderen – schwer zu sagen) und harter Arbeit, dieselben zu entdecken und umzusetzen, ist. Und dann ist man nicht notwendigerweise hochbegabt, sondern hat einfach etwas Tolles erreicht. Wie viel entsprechende Leistungsvoraussetzung, Begabung dahinter steckt, lässt sich schwer beurteilen. Schließlich können fehlende Leistungsvoraussetzungen oft durch enormen Einsatz wettgemacht werden und man wird dadurch ein „highachiever" (jemand, der etwas Wertvolles erreicht, geleistet hat). Umgekehrt kann man aber auch einfach durch fehlenden Einsatz, durch zu wenig Konsequenz oder Konstanz eine besondere Leistungsvoraussetzung „verspielen". Viel zu oft wird man jedoch einfach deshalb nicht zum „highachiever", weil man die Chance nie erhalten hat, seine Talente in die Tat umzusetzen. Ich verwende den Begriff „highachiever" lediglich für jemanden, der eine Leistung im Sinne von positivem Erfolg erbringt, also seine Leistungsvoraussetzungen durch harte Arbeit entdecken und umsetzen kann/konnte. Der Begriff „underachiever" wird in der Literatur häufig verwendet, um jemanden zu beschreiben, der unter seinen Möglichkeiten (welcher Natur auch immer) bleibt. Der Begriff „overachiever" wird oft gebraucht, um jemanden zu charakterisieren, der Leistungen oberhalb seines Potenzials erreicht. Interessante Begriffe – vor allem im Zusammenhang mit der von uns schon mehrfach angesprochenen semantischen Problematik der Verwendung der Begriffe „Talent" und „Begabung".

Auf den Punkt gebracht: Es mag schon sein, dass es so etwas wie „hochbegabt" gibt, auch wenn es nur sehr schwer bestimmbar ist, aber es stellt auf keinen Fall eine Garantie für das Erreichen einer bemerkenswerten Leistung dar.

Kategorien von Talenten?

Unabhängig davon, ob nun wenig begabt, ein wenig mehr begabt oder hochbegabt: Gibt es Übereinkünfte hinsichtlich verschiedener Begabungskategorien? Gibt es Übereinkünfte bezüglich der Frage, in welchen Kategorien man begabt sein muss, um eine besondere Leistung zu erbringen? Oder ganz verkürzt gefragt: Gibt es verschiedene Talentekategorien, und wenn ja, welche?

Eine vor allem in den USA weit verbreitete Kategorisierung ist die sogenannte „Marland-Definition". Sie wurde von einer Regierungskommission 1971 in den USA unter der Leitung von Sidney P. Marland erstellt. Das damalige Ziel des amerikanischen Erziehungsministeriums bestand darin, entsprechende bundesstaatliche Erziehungsprogramme für Hochbegabte zu entwickeln. Talentiert, so die Marland-Definition, kann man sein in:

1. general intellectual ability (allgemeine intellektuelle Fähigkeiten)
2. specific academic aptitude (spezifische akademische, schulische Eignung)
3. creative or productive thinking (Kreativität und produktives Denken)
4. leadership ability (Führungsqualitäten)
5. visual and performing arts (bildnerische und darstellende Künste)
6. psychomotor ability (psychomotorische Fähigkeiten)

Wobei es hierbei wichtig ist zu sagen, dass die Wissenschaft zusätzlich noch zwei grundlegend verschiedene Ansätze bei der personalen Zuordnung von Talenten kennt. Einerseits vertreten Wissenschaftler das Konzept der allgemeinen Intelligenz. Dieses Konzept hat auch immer wieder Aufwind aus dem Bereich der Neurowissenschaften bekommen. Sehr vereinfacht würde das bedeuten, dass ein Mensch meist entweder in all den oben (und auch unten) angeführten Kategorien eher talentiert oder eben in allen weniger talentiert ist. Viele halten diese Theorie aber für zu wenig detailliert und vertreten die Ansicht, dass es neben allseits talentierten Menschen auch solche gibt, die entweder in wenigen oder sogar vielleicht nur in einem einzigen Bereich talentiert sind und in anderen hingegen keine besonderen Begabungen zeigen.

Zugegeben, es fällt nicht sehr schwer, sich Spitzensportler vorzustellen, die nicht musikalisch sind, oder auch Topwissenschaftler, die keinerlei körperliche, sportliche Begabungen haben. Egal nun, wie hoch man den Einfluss genetischer Anlagen dabei ansetzt, wenn man genetische Komponenten zumindest mit ins Kalkül zieht, so erscheint dann aus dieser Sichtweise auch die Möglichkeit von isolierten Talenten als wahrscheinlicher. Da es sich bei den verschiedenen Talentkategorien (egal welche man betrachtet) stets um sehr unterschiedliche und komplexe Bereiche handelt, fällt es schwerer, Erklärungsmodelle zu finden, wie man gleichzeitig in seinen 22.500 Genen gute oder eben weniger gute biologische Voraussetzungen für alle Kategorien haben könnte. Es erscheint einfacher vorstellbar, dass man beispielsweise biologische Voraussetzungen, die sportliche Begabungen ausmachen, haben kann, unabhängig etwa von biologischen Voraussetzungen, die beispielsweise für ein Gesangstalent mitbestimmend sein könnten (und natürlich umgekehrt). Die Wissenschaft muss gerade in diesem Bereich noch sehr viel Forschung betreiben, um mehr Antworten geben zu können.

Der amerikanische Psychologe Howard Gardner hat eine etwas andere Kategorisierung erarbeitet. Diese sehr populäre (aber auch immer wieder hitzig diskutierte) Theorie der multiplen Intelligenzen (im Sinne von Begabungen) sieht eben auch vor, dass man eine Intelligenz haben kann und die andere nicht. Es ist möglich, nur eine Intelligenz sehr stark zu besitzen, oder auch eben mehrere. Dieser Ansatz schließt aber zumindest theoretisch auch nicht aus, dass man alle oder gar keine sehr stark ausgeprägt haben kann. Gardner unterteilte ursprünglich in sieben Kategorien:

1. die sprachliche Intelligenz
2. die musikalische Intelligenz
3. die logisch-mathematische Intelligenz
4. die visuell-räumliche Intelligenz
5. die körperlich-kinästhetische Intelligenz
6. die intrapersonale Intelligenz (Selbstreflexion und Selbstmotivation)
7. die sozial-interpersonale Intelligenz

Die sprachliche Intelligenz (Schriftsteller, Journalisten, Schauspieler, Rechtsanwälte, Politiker etc.) beinhaltet leicht Sprachen zu lernen, eine hohe Sensibilität für gesprochene und geschriebene Sprache und die Fähigkeit, Sprache zu bestimmten Zwecken zu verwenden. Die musikalische (Musiker, Dirigenten, Komponisten etc.) und die logisch-mathematische Intelligenz (Naturwissenschaftler, Mathematiker etc.) sind vollkommen selbsterklärend. Die visuell-räumliche Intelligenz (bildnerische Künstler, Architekten, Schachspieler etc.) dient zur Erfassung von Räumen, ob nun im Großen oder im eng begrenzten Sinn. Die körperlich-kinästhetische Intelligenz (Sportler, Tänzer, Handwerker etc.) beschreibt die Begabung, den Körper zur Problemlösung oder zur Gestaltung einzusetzen. Die intrapersonale Intelligenz (laut Gardner in allen Berufen oder Tätigkeiten von Bedeutung, weil sie dem Träger hilft, Entscheidungen zu treffen) ist das Potenzial zur Selbsterkenntnis, etwa seine Gefühle, Schwächen und Stärken oder auch Motive selbst zu erkennen. Und die interpersonale Intelligenz (Politiker, Eltern, Psychiater, Lehrer etc.) befähigt dazu, Fähigkeiten, Stimmungen oder etwa auch Gefühle anderer zu erfassen und stellt eine wesentliche Voraussetzung für den erfolgreichen Umgang mit anderen Menschen dar.

Gardner hat später noch zwei weitere Intelligenzen hinzugefügt: die naturalistische (Naturwissenschaftler, Entdecker etc.), die eher darauf abzielt, natürliche Objekte zu erkennen und etwa die Natur erleben zu können, sowie die existenzielle/spirituelle

Intelligenz (religiöse und geistige Führer, Philosophen etc.), die dazu befähigen soll, grundlegende Fragen der Existenz zu stellen. Die gesamte Theorie der multiplen Intelligenzen ist umstritten, speziell aber die letzten beiden Intelligenzen stuft Gardner selbst nur als mögliche, jedoch noch nicht entsprechend wissenschaftlich belegte ein.

Emotionale Intelligenz, Soft Skills und Empathie

Da Kategorisierungen bei solchen Fragestellungen per se schon als äußerst schwierig und fragwürdig einzustufen sind, ist es nicht verwunderlich, dass viele dieser Fragen im wissenschaftlich so schwer beweisbaren Raum hitzig und polarisiert diskutiert werden. Dennoch legten die interpersonalen und intrapersonalen Intelligenzen nach Gardner den Grundstein für die von John Mayer und Peter Salovey eingeführte Theorie rund um die sogenannte emotionale Intelligenz. Sie dient zur Beschreibung der Begabung, eigene und fremde Gefühle wahrnehmen und verstehen zu können. Die emotionale Intelligenz ist eng verbunden mit der sozialen Kompetenz, die auch oft mit Soft Skills bezeichnet wird. Die Frage nach der wissenschaftlichen Belegbarkeit solcher Begabungen ist schon seit geraumer Zeit in den Hintergrund gerückt. Der Grund dafür liegt in der breiten populären Akzeptanz, dass soziale Intelligenz/Kompetenz für die Erlangung beruflicher Erfolge jeglicher Art von größter Bedeutung ist. Dem kann man nicht nur, dem muss man sich anschließen – egal wie präzise welche Begriffe eigentlich sind. Was wäre die aktuelle populäre Diskussion ohne den Begriff Empathie? Mit Empathie (Einfühlungsvermögen) ist gemeinhin die Fähigkeit gemeint, Gedanken, Emotionen oder auch Absichten anderer zu erkennen und zu verstehen beziehungsweise auch, wie man selbst auf die Gefühle anderer reagiert. Es sei aber an dieser Stelle erwähnt, dass es noch viele weitere Intelligenzbegriffe, wie etwa praktische Intelligenz oder ästhetische Intelligenz, in der Literatur zu finden gibt. Ob nun beruflich oder im Privatleben, ob nun wissenschaftlich detailliert ausformuliert oder nicht, es ist uns allen klar, es gibt mehr oder weniger keinen Bereich, bei dem das Erreichen von Erfolg ohne soziale Kompetenz/Intelligenz/Begabung möglich ist.

Ganz grob strukturiert

Unterteilungen und Kategorisierungen im Bereich Talente zu etablieren fällt ganz offensichtlich schwer. Es gibt viele verschiedene Konzepte. Bei genauerem Hinsehen fällt allerdings sofort auf, dass sie sich alle ähneln. Man könnte Bögen über diese Gemeinsamkeiten spannen: Begabungen im Bereich Körper und Bewegung (Sport, Handwerk etc.), künstlerisch-sprachliche Talente (Kunst, Musik, Sprache etc.), kognitive Begabungen (Intelligenz, Intuition, emotionale/soziale Begabungen, Gedächtnis, Wissenschaft etc.) und Organisationstalent (Management, Politik, Marketing etc.).

Um zum Schluss dieses Kapitels noch eine Einteilung von Begabungsbereichen, die mir persönlich auch ganz gut gefällt, zu nennen, gebe ich eine Aufstellung der Pädagogin Uta Reimann-Höhn aus ihrem Buch „Welche Talente und Begabungen hat Ihr Kind?" wieder:

1. sprachliche Begabung
2. mathematisch-logische Begabung
3. räumlich-visuelle Begabung
4. praktisch-naturalistische Begabung
5. künstlerisch-kreative Begabung
6. sportliche Begabung
7. sozial-emotionale Begabung

Welche Talente hat mein Kind?

… ist in der Tat eine Frage, die sich wahrscheinlich alle Eltern stellen, meiner Meinung nach stellen müssen. Nicht nur Uta Reimann-Höhn in ihrem Buch „Welche Talente und Begabungen hat Ihr Kind?", sondern viele Autoren, Pädagogen, Trainer etc. haben sich intensiv mit der Frage beschäftigt, ob man, um kindliche Talente zu finden, nach bestimmten „auffälligen" Aspekten, Verhalten und Eigenschaften bei seinen Kindern suchen kann beziehungsweise soll.

Einfach ist es noch bei einem Kind, das gerne spricht, liest und schreibt, das über einen großen Wortschatz verfügt, das mit Begeisterung spannende Geschichten erzählt, das auch Geschichten erfinden kann, um andere zu unterhalten, und das sich für Fremdsprachen interessiert, ein sprachliches Talent zu vermuten.

Wenn ein Kind den ganzen Tag singt, summt und tanzt, kann man sich vielleicht zu Recht auf die Suche nach musikalischen Talenten machen. Hört das Kind gerne Musik, lernt es Lieder und Melodien schnell, kann es Töne, Laute, Geräusche gut erkennen und zuordnen, interpretiert es Gefühle und Stimmungen in Musikstücken?

Logisch-mathematische Intelligenz würde man bei einem Kind vermuten, das gerne mit Zahlen arbeitet, sie als Argumente verwendet, sich Zahlen gut merken kann und viel und gerne nachrechnet. So ein Kind würde wahrscheinlich Zusammenhänge gut erkennen und rasch Lösungswege für Rätsel und Denkaufgaben finden, würde vielleicht gut organisieren können und im etwas fortgeschrittenen Stadium logische Begründungen für die täglichen Dinge suchen.

Wenn ein Kind ein gutes räumliches Vorstellungsvermögen hat, Proportionen gut wahrnehmen und wiedergeben kann, auch „korrekt" zeichnen und basteln kann, Größenverhältnisse richtig einschätzen kann, Farben, Formen und Dreidimensionalität gut erfassen kann und auch ein gutes allgemeines Orientierungsvermögen aufweist, so könnte man visuell-räumliche Talente vermuten.

Ein Kind, das gerne Sport betreibt, das viel turnt und klettert, das Bewegungen gut imitieren kann, das sich Tänze gut merken kann, das motorisch geschickt ist, seinen Körper gut einsetzen kann, um Dinge zu beschreiben, das gerne anderen vorturnt beziehungsweise vorspielt und gerne andere nachmacht, hat mit Sicherheit gute körperliche Leistungsvoraussetzungen.

Besonders auffallend, so meine ich, sind eigentlich intrapersonale Talente bei Kindern. Solche Kinder denken früh über sich selbst nach, stellen ständig Fragen über sich, seine Entwicklung, seinen Körper. Solche Kinder versuchen zu verstehen, warum sie sich heute gut und morgen schlecht fühlen, suchen auch eigene Schwächen und Stärken und beschreiben diese auch ihren Eltern. Das sind vielleicht Kinder, die Ruhe lieben, Zeit für sich brauchen, gerne auch einmal allein sind und sich oft auch einfach zuerst einmal ihre eigene Meinung bilden wollen.

Sozial-interpersonal talentierte Kinder, so könnte man versuchen, es zu beschreiben, beschäftigen sich sehr viel mit den Gefühlen, Problemen, Ängsten und Sorgen anderer, ob nun von Spielkameraden oder Familienmitgliedern. Sie hören viel zu – es wird ihnen aber auch sehr gerne etwas erzählt. Sie sind oft Anlaufstelle für jüngere Kinder, sie wirken streitschlichtend, sind hilfsbereit und legen großen Wert darauf, dass sie Freundschaften knüpfen, die sie dann auch erhalten wollen.

Ich habe mich auf jeden Fall dazu entschlossen, die nun folgenden Kapitel „Sport und Handwerk", „Kunst", „Wissenschaft", „Management und Politik" sowie „Glück und soziale Begabungen" zu betiteln. Ohne Anspruch auf Vollständigkeit, aber mit der besten Absicht, mir sehr wichtig erscheinende Bereiche verschiedener großer Begabungsgruppen damit abdecken zu können.

Sport und Handwerk

Bevor es losgeht ...

Bei allem, was ich bisher gesagt habe, ist sicher meine tiefe Überzeugung klar geworden, dass die Umwelt eine wesentliche Komponente für das Erreichen von besonderen Leistungen, von Erfolg darstellt. Die Umwelt in all ihren Facetten von der Ausbildung über die Bildung, die Vorbilder, die Bereitschaft, hart für die zu erbringende Leistung zu arbeiten, Konsequenz, Konstanz und „Üben, üben, üben" ... und noch vieles mehr. Wann immer ich mit Menschen über diese Thematik rede, ist dieser Punkt eigentlich sehr schnell klar. Natürlich erarbeiten seit vielen Jahren Lehrer, Trainer, Eltern, Politiker immer wieder neue Konzepte, um diese fördernden Umweltbedingungen zu verbessern. Da muss doch noch mehr rauszuholen sein. Man berät Eltern, man optimiert die Kindergartenbetreuung, das Schulsystem, das Hochschul- und Universitätssystem, man pocht auf lebenslanges Lernen, man setzt auf Bildung, und man veranstaltet Seminare und Weiterbildungsveranstaltungen aller Art. Auch ich beschäftige mich mit diesen Fragen schon seit vielen Jahren, vor allem auch in meiner Funktion als Universitätslehrer (heute sogar Universitätsprofessor), die ich bereits seit über 20 Jahren ausübe. Für mein Konzept „Die individuellen (auch genetischen) Leistungsvoraussetzungen müssen durch harte Arbeit entdeckt und in eine besondere Leistung (= Erfolg) umgesetzt werden" bedarf es aber noch einiger Klärungen:

1.) Gibt es so etwas wie besondere biologische Leistungsvoraussetzungen wirklich, und wenn ja, wie sehen sie aus? (= individuelle biologische Leistungsvoraussetzungen jedes Einzelnen)

2.) Wenn es sie gibt, wie finde ich sie bei meinen Kindern, bei mir selbst? (= harte Arbeit, sie zu finden)

3.) Wie kann ich mich, meine Kinder, die nächste Generation allgemein dazu bringen, so intensiv, konstant, konsequent fleißig zu arbeiten, damit die individuellen Leistungsvoraussetzungen in Erfolg umgesetzt werden können? (= harte Arbeit, sie in eine besondere Leistung, in Erfolg umzusetzen)

4.) Woher nehme ich, nehmen meine Kinder, nimmt die nächste Generation und wer auch immer den Mut und die Motivation, wirklich aus der Reihe zu tanzen? (Wer einen neuen Weg gehen will, muss den alten verlassen.)

Ich sage es gleich vorweg, der letzte Punkt ist mir der wichtigste und war der eigentliche Grund für das Schreiben dieses Buches. Was ich so sehr vermisse, ist die Bereitschaft, Neues, sich vom Bisherigen Unterscheidendes zu tun. Anders ist besser, weil Individualität die einzige Chance darstellt, sich heute auf Fragen der Zukunft vorzubereiten, von denen wir nicht wissen, wann sie kommen und wie sie aussehen werden. Bisher habe ich in diesem Buch die Bedeutung dieses Konzepts argumentiert, vor dem Durchschnitt gewarnt und diskutiert, was eventuell Talent sein und welche Arten von Begabungen der Mensch haben könnte. In Folge möchte ich mich nun mit den oben genannten vier Fragen beschäftigen. Zur Frage 1, ob es wirklich individuelle Leistungsvoraussetzungen eventuell mit genetischen Komponenten gibt, komme ich in den folgenden fünf Kapiteln „Sport und Handwerk", „Kunst", „Wissenschaft", „Management und Politik" sowie „Glück und soziale Begabungen" zu sprechen. Zu den Fragen 2 und 3, wie finde ich Talente und wie setzt man sie um, folgt dann das Kapitel „Talente entdecken und fördern". Die Diskussion der wichtigsten Frage 4 betreffend den Mut, neue Wege zu gehen, habe ich mir für den Schluss unter dem Titel „*Die Motivation, aus der Reihe zu tanzen*" aufgehoben.

Für eine Sportart geboren?

Sport ist das sehr häufig genannte Beispiel, wenn es in Diskussionen um Talent und Talentförderung geht. Allerdings wird Sport stets als Beispiel für beides genannt: nature and nurture. Nun, ich glaube, zu den Umweltaspekten brauche ich nicht allzu viel zu sagen. Wer nicht trainiert, wird nicht der Schnellste, nicht der Stärkste, nicht der Erste sein. So einfach und so sicher ist das. Ich werde später allerdings noch etwas dazu sagen, wie die Motivation geregelt ist oder wo sie vielleicht herkommt. Motivation stellt im Sport generell ein unglaublich wichtiges Thema dar. Dies gilt für den Hobbysportler, der seinen inneren Schweinehund überwindet und trotz Regen, Kälte und Dunkelheit am Abend nach der Arbeit noch eine Runde durch den Park dreht. Dies gilt aber natürlich noch viel mehr im Spitzensport, wo die Trainingseinheiten ständig an die physischen und psychischen Grenzen des Sportlers gehen (müssen). Nur so kann man zu den Besten gehören. Was die extrinsische Motivation betrifft, so viel sei jetzt schon einmal gesagt, bin ich eigentlich sehr überrascht und irgendwie in manchen Fällen sogar erbost darüber, wie unterschiedlich sie von Sportart zu Sportart ist. Dass ein Fußballer, der Millionenbeträge verdient, regelmäßig zum Training kommt, ist ja sicher noch eher verständlich. Jedoch ein Tischtennisspieler muss sich andere Arten von Motivationen holen und ständig bereithalten. Und schon sind wir bei dem für dieses Buch auch so spannenden Thema der intrinsischen Motivation und der vielleicht biologischen Komponenten derselben. Aber dazu später.

Doch Sport ist auch das sehr häufig genannte Beispiel, wenn es darum geht zu argumentieren, dass die Biologie, die Genetik bestimmte fördernde beziehungsweise auch nachteilige Anlagen bereithalten kann. Hans Pum ist seit mehreren Jahrzehnten als Trainer für den österreichischen Skiverband tätig. Er hatte in dieser Zeit auch sehr lange das Amt des Alpindirektors und somit des hauptverantwortlichen Cheftrainers inne. Unter seiner Trainerschaft eilten die österreichischen Skifahrer von Erfolg zu Erfolg. Mit um die hundert Medaillen bei Olympischen Spielen und Weltmeisterschaften, die von seinen Schützlingen gewonnen wurden, ist Hans Pum der wohl erfolgreichste Entdecker und Förderer von Skitalenten der Geschichte. In einem langen öffentlichen Podiumsgespräch zur Thematik Talentförderung im Sport vertrat Hans Pum mir gegenüber den Standpunkt, dass es sehr viele Aspekte seien, die einen Skiläufer erfolgreich, ja zum Besten der Welt machen: Motivation für das Training, kompromisslos harte Trainingsarbeit, das notwendige Nervengerüst, das Gelernte beim Rennen umzusetzen, der unbedingte Wille zu siegen und vieles mehr. Er kam aber auch unmissverständlich zu dem Schluss, dass zwei, die gleich viel trainieren, niemals das Gleiche erreichen werden, weil die biologischen, genetischen Anlagen der Menschen nun einmal verschieden sind. Nicht jeder ist zum Skiläufer geboren.

Warum uns das beim Sport eigentlich allen schnell einleuchtet? Weil es nun einmal körperliche Voraussetzungen sind, die hierbei eine so große Rolle spielen. Wir haben anhand des Beispiels eineiiger Zwillinge gesagt, dass gerade bei den körperlichen Anlagen Gene eine so große Rolle spielen. Die Körpergröße etwa ist sehr stark genetisch mitbestimmt. Große Eltern haben wahrscheinlicher große Kinder. Und zwei eineiige Zwillinge sind stets sehr ähnlich groß. Wenn nun ein Mann zu uns kommt, der vielleicht 1,65 Meter groß ist und die Argumente dieses Buches aufgreift: Der Mensch ist nicht auf seine Gene reduzierbar, er ist das Produkt der Wechselwirkung zwischen Genetik und Umwelt. Gene sind nur Bleistift und Papier, die Geschichte schreiben wir selbst – er möchte nämlich der beste Basketballspieler der nordamerikanischen Profiliga NBA (National Basketball Association) werden, was werden wir sagen? Ja, streng Dich an! Alles ist nur Übung! – Vielleicht werden sie für Dich einmal auch die Körbe niedriger hängen? Sie lachen? Und trotzdem, gerade mit diesem Beispiel lässt sich beides belegen. 1.) Der Mensch ist selbst hier nicht auf seine Gene reduzierbar. Es gab Spitzenbasketballer, die in der Tat klein waren, wie etwa Earl Boykins, der Spielmacher der Denver Nuggets (1,65 Meter), Nate Robinson von den New York Knicks (um die 1,70 Meter – hier kursierten immer wieder verschiedene Angaben) oder Muggsy Bogues, der mit 1,60 Metern der kleinste NBA-Liga-Spieler aller Zeiten war. 2.) Andererseits lag Boykins mit 1,65 Metern 36 Zentimeter unter dem Durchschnittsmaß der Liga. Der weit überwiegende Anteil aller NBA-Spieler ist natürlich nicht nur groß, sondern sehr groß. Und selbstverständlich ist das eine Leistungsvoraussetzung, die ohne Zweifel bei dieser Sportart von enormem Vorteil ist. Shaquille O'Neal, um nur ein Beispiel zu nennen, ist 2,16 Meter groß. Die Mehrheit, nein fast alle NBA-Basketballstars sind sehr, sehr groß. So ist es nun einmal.

Natürlich soll sich der Mensch nicht von seinen genetischen Anlagen beschränken lassen bei dem, was ihm Spaß macht, was ihn fasziniert. Ja, wir müssen, um auf Dauer erfolgreich zu sein, sogar öfter, als wir es heute tun, auf unsere Gene pfeifen. Ich werde dieses Argument später noch genauer erläutern. Aber wenn jemand von seinem Gegenüber eine ehrliche Antwort erwartet, so kann man biologische Limits nicht ignorieren. Das wäre unfair. Ich gehe sogar noch einen Schritt weiter und sage, dass die nächste Generation, unsere Kinder, Schüler, Studenten gewissermaßen ein Recht auf eine ehrliche Antwort haben. Die österreichische Schriftstellerin Ingeborg Bachmann hat gesagt: *„Die Wahrheit ist dem Menschen zumutbar."* Warum trifft das nicht auch auf unsere biologischen Leistungsvoraussetzungen zu? Ein guter Trainer, ein guter Lehrer wird sich natürlich auf das konzentrieren, was sein Schüler, sein Sportler besonders gut kann (etwas, was wir leider in unserem täglichen Leben nicht oder viel zu selten

111

tun). Er wird ihm aber auch die Einschränkungen durch seine biologischen Voraussetzungen klarmachen.

Wir könnten jetzt lange darüber diskutieren, inwieweit die Körpergröße, die ohne Zweifel eine biologische Voraussetzung darstellt, im Sinn des Begriffs „Talent" verstanden werden kann. Ich habe schon detailliert erklärt, welche Probleme ich mit den verwirrenden Verwendungen der Begriffe „Talent" und „Begabung" habe. Im Sinne besonderer Leistungsvoraussetzungen, des Begriffes, den ich favorisiere, ist die Körpergröße aber für zumindest bestimmte Sportarten klar einmal von Vorteil und ein anderes Mal von Nachteil. Was sagen wir einem 200 Zentimeter großen Mädchen, das die beste Bodenturnerin der Welt werden möchte? Ja, es soll unbedingt Bodenturnen, wenn es ihm Spaß macht. Und das Mädchen wird mit dem entsprechenden Enthusiasmus sehr vieles erreichen können, gar keine Frage. Aber ist es fair, ihm zu verheimlichen, dass die weltbesten Bodenturnerinnen niemals 200 Zentimeter groß waren und dass es dafür nachvollziehbare Gründe gibt?

Das Sportlergenom?

„Als sportliches Talent kann eine Person bezeichnet werden, die über vorwiegend genetisch bedingte Dispositionen zum Erreichen von hohen sportlichen Leistungen verfügt, die Bereitschaft mitbringt, solche Leistungen auch zu vollbringen, die Möglichkeit dafür in der sozialen Umwelt vorfindet und letztlich mit den erzielten Leistungsresultaten den Eignungsnachweis dokumentiert", kann man beim Sportwissenschaftler Prof. Winfried Joch („Das sportliche Talent") nachlesen. Aber kennt die Wissenschaft genetische Anlagen in diesem Zusammenhang? Welche unserer 22.500 Gene könnten hier von Relevanz sein? In der Tat kennt man heute eine Vielzahl von Genen des Menschen, die klar etwas mit Sportlichkeit (oft im weitesten Sinn) zu tun haben. Wobei ich

hier jetzt solche meine, die in direktem Zusammenhang mit bestimmten körperlichen Merkmalen des Menschen stehen. Ein Topsportler benötigt natürlich viel mehr als das. Wir haben von Persönlichkeitsmerkmalen, wie etwa Motivierbarkeit oder Nervenstärke, gesprochen. Und auch dort, so der aktuelle Stand der Wissenschaft, spielen Gene eine entscheidende Rolle.

Biologische, körperliche Merkmale, die beim Sport eine gewichtige Rolle spielen, sind neben der bereits angesprochenen Körpergröße etwa die Arm- und Beinlänge, die Struktur des Muskelaufbaus, die Herzgröße, das Lungenvolumen, die Beweglichkeit der Gelenke – um nur ein paar wenige zu nennen. Man muss bei sportrelevanten körperlichen Anlagen stets die statischen, durch Training nicht beeinflussbaren (wie etwa Körpergröße) von solchen unterscheiden, die vom Training beeinflusst werden. Bei Letzterem interessiert sich die Sportwissenschaft vor allem dafür, wieso sich bei verschiedenen Menschen unter gleichem Training verschiedene körperliche Merkmale (wie etwa Muskelmasse) einstellen. Das Gen, das in unserem Körper in ein Protein mit dem Namen Mechano Growth Factor (MGF) übersetzt wird, ist maßgeblich dafür verantwortlich, dass Muskelzellen wachsen, wenn die Muskeln in hartem Training aufgebaut werden sollen. Ich erinnere an dieser Stelle noch einmal daran: Jeder Mensch hat jedes Gen, sogar zweimal, einmal vom Vater und einmal von der Mutter. Aber jeder besitzt seine individuellen Varianten davon. So verfügt auch jeder Mensch über zwei Varianten des ACTN3-Gens. Das von diesem Gen codierte Protein Alpha-Actinin 3 ist von großer Bedeutung für unsere Muskelfunktion vor allem im Sinne der Kontraktionsleistungen. Es gibt zwei wichtige Varianten des ACTN3-Gens, die Variante X und die Variante R. Ein Mensch kann also zwei X-Genvarianten haben, zwei R oder ein R und ein X.

Die Sportwissenschaften gemeinsam mit der Genetik haben in vielen Studien herausgefunden, dass diese drei Möglichkeiten jenes Muskel-Gens Vorteile für ganz verschiedene Sportarten bieten. So wird die XX-Kombination vorwiegend bei Spitzensportlern im Ausdauerbereich gefunden (Triathlon, lange Schwimmbewerbe oder Skilanglauf). Die RR-Genvariantenkombination führt zu einer Muskulatur, die ideal für Sprint- und Kraftsportarten ist und wird daher sehr häufig bei Sprintern, Rugbyspielern oder Gewichthebern gefunden. Die RX-Kombination zeichnet sehr oft Sportler aus, die Sprint- und Krafteigenschaften genauso wie Ausdauereigenschaften benötigen (Fußball, Handball, Tennis oder Basketball). Ich werde Sie im Kapitel *„Talente entdecken und fördern"* an all das noch einmal erinnern, wenn ich mich über Sinn und Unsinn von entsprechenden Gentests äußere.

Menschen mit bestimmten Varianten des Myostatin-Gens weisen einen viel schnelleren und stärkeren Muskelaufbau auf als andere. Das Myostatin-Gen, oder besser gesagt das von ihm codierte Protein Myostatin, spielt nämlich ein maßgebende Rolle für die Muskelentwicklung, indem es den Muskelabbau reguliert. Die Liste an Genen, die die körperlichen Eigenschaften des Menschen steuern, ist wirklich sehr lang. Der Aufbau des Herzens, das Lungenvolumen, die Extremitätenlängen etc. – überall sind viele verschiedene Gene maßgeblich beteiligt. Jeder Mensch kommt mit seinem individuellen Set an Varianten dieser Gene zur Welt – und das wäre somit auch das Set seiner individuellen Leistungsvoraussetzungen. Selbstverständlich gibt es nicht ein Skifahrer-Gen, natürlich gibt es nicht ein Fußballer-Gen. Viele, viele Gene sind hier involviert und ihre so wichtigen Wechselwirkungen untereinander (die wir bereits besprochen haben) entziehen sich noch vollkommen der Kenntnis der Wissenschaft. Und noch einmal: Ohne zu üben, üben, üben geht gar nichts. Aber es gibt individuelle Leistungsvoraussetzungen für sportliche Betätigungen. Mehr als das soll und will ja auch niemand sagen.

Gesundheitliche Aspekte

Bezüglich individueller biologischer Leistungsvoraussetzungen für bestimmte Sportarten möchte ich noch kurz einen Aspekt ergänzen. Man kann natürlich darüber diskutieren, ob oder wie gut es ist, ehrlich zu sein. Wie brutal sich das doch eigentlich anhört, wenn man jemandem sagt: Du hast dafür nicht die richtigen Voraussetzungen. Und außerdem kann man doch durch Fleiß, Konsequenz und Begeisterung so viel wettmachen. Sie werden später noch feststellen, dass ich sogar meine, dass eine gewisse Ignoranz gegenüber seinen Leistungsvoraussetzungen Teil des von mir vorgeschlagenen Erfolgskonzeptes ist. Beim Sport gibt es aber noch einen anderen Aspekt, warum man sich um seine biologischen Voraussetzungen zur Ausübung bestimmter Sportarten Gedanken machen sollte. Man sollte in der Tat, bevor man mit einer bestimmten Sportart beginnt, vor allem wenn man etwas mehr als nur Wellness und Fitness vorhat, sich einer entsprechenden Gesundheitsuntersuchung unterziehen. Wer vorhat, sich für einen Marathon durch nun folgendes hartes Training vorzubereiten, sollte unbedingt vorher wissen, ob es irgendwelche individuellen gesundheitlichen Aspekte gibt, aufgrund derer man eigentlich davon abraten müsste. Egal, ob diese vielleicht einschränkenden Leistungsvoraussetzungen nun genetisch oder erworben sind, es kann von lebenswichtiger Bedeutung sein, sie zu kennen.

Der, der mit den Händen werkt

Betrachtet man den Versuch einer Unterteilung der Begabungen des Menschen, den wir im Kapitel „*Verschiedene Begabungen*" unternommen haben, wird deutlich, dass wir uns gerade im Bereich der sportlichen Begabung und der körperlich-kinästhetischen Intelligenz befinden. Letztere beschreibt die Begabung, den

Körper zur Problemlösung oder zur Gestaltung einzusetzen, wie es eben für Sportler, aber auch etwa für Handwerker oder Tänzer von großer Bedeutung ist. Ich möchte im Zusammenhang mit handwerklichen Talenten und Berufen zwei Dinge ergänzen: Das Erste ist klar und soll nur zur Erinnerung angeführt werden. Das Zweite aber ist gewagt und ich riskiere vielleicht so einiges, bin davon aber so überzeugt, dass ich es wage. Das Erste soll nur daran erinnern, dass eine genetische Ausrede zwar bedingte Berechtigung haben kann, aber viel öfter, als es gerechtfertigt wäre, herangezogen wird. Es fällt einfach auf, dass viel zu oft auf das offensichtlich fehlende Talent verwiesen wird, wenn es um Dinge im handwerklichen Bereich geht: „Ich habe einfach zwei linke Hände!" Bitte bleiben Sie mit mir konsequent und halten Sie dem stets entgegen: „Es ist noch kein Meister vom Himmel gefallen!"

Und dennoch: Das Zweite, was ich sagen möchte, ist, dass ich gerade auch im Zusammenhang mit handwerklichen Berufen besondere Leistungsvoraussetzungen im Sinne meines Verständnisses um Talente und Begabungen vermute. Es gibt vielleicht wirklich auch biologische Leistungsvoraussetzungen, die Aspekte der Begabung von „begnadeten" Tischlern oder Schmuckherstellern zumindest beeinflussen. Ich weiß natürlich nicht, wie man da nach biologischen Komponenten, nach „so etwas hat man oder eben nicht" jemals suchen könnte. Aber wenn ich suchen müsste, würde ich in diesem Zusammenhang wahrscheinlich eher bei künstlerischen, kreativen Begabungen Ausschau halten. Ganz nach dem Motto: Ein gutes Handwerk ist Kunst. Aber dazu komme ich ja ohnedies gleich im nächsten Kapitel.

Weil ich das Wort „begnadet" hier das erste Mal als Synonym für talentiert verwendet habe (wie es ja sehr viel verwendet wird), möchte ich Sie an dieser Stelle fragen, was Sie meinen, wer diese wohlwollende, freiwillige Zuwendung, diese Gnade dem Menschen zuteil werden lässt? Was ist damit eigentlich gemeint? Aber bevor ich nun schon wieder eine Diskussion um den für mich so verwirrenden Gebrauch der Wörter „talentiert", „begabt" und jetzt auch noch „begnadet" entfache, schließe ich dieses Kapitel lieber noch mit einer ganz naturwissenschaftlichen Erkenntnis von Kollegen.

Der Tänzer

Sportler, Handwerker, Tänzer ... verwenden ihren Körper zum Erbringen der Leistung (wer eigentlich nicht? – aber in diesen Fällen eben vorwiegender). Nun könnten und müssten wir all das, was wir über die genetischen Aspekte der körperlichen Entwicklung des Menschen und ihrer Bedeutung für Sportler gesagt haben, natürlich auch für Tänzer anführen. Gar keine Frage, auch hierfür sind Muskeln, Herzfunktion, Lungenvolumen, Arm- und Beinlängen etc. von größter Bedeutung. Das Wissenschafts-team um Richard Ebstein von der Hebräischen Universität in Jerusalem hat vor geraumer Zeit eine genetische Untersuchung an Tänzern durchgeführt. Sie kamen dabei zu dem Schluss, dass bei Profi-Tänzern die für das Publikum so begeisternde Körperbeherrschung und Ausstrahlung wohl nicht nur dem harten Training zuzuschreiben sind. Die Wissenschaftler verglichen genomische Sequenzen von erfolgreichen Tänzern, Sportlern und Menschen, die weder das eine noch das andere erfolgreich ausüben (können). Besonders bei zwei Genen sind die Wissenschaftler fündig geworden: Das Serotonin-Transporter-Gen und das Gen für den Rezeptor für das Hormon Vasopressin wurden in für Tänzer statistisch charakteristischen Varianten gefunden (Bachner-Melman et al., PLoS Genet., 2005).

Vasopressin wurde schon früher in verschiedenen Studien mit der Ausdruckskraft und der Kommunikationsstärke von Menschen in Verbindung gebracht. Und der Botenstoff Serotonin reguliert bekannterweise die Gehirnaktivität, indem er Wahrnehmung, Gefühle und Einfühlungsvermögen steuert. Zu den körperlichen genetischen Leistungsvoraussetzungen, die wahrscheinlich bei Sportlern und Tänzern ähnlich sein könnten, kommen also noch genetische Anlagen dazu, die spezifisch für Tänzer sind? Gerade in diesem Zusammenhang wird aber sofort die große Bedeutung der Umwelt, des spezifischen Trainings bewusst, wenn man sich nur kurz einmal einen Gewichtheber beim Balletttanz vorstellt.

Kunst

Das Wechselspiel der Talente –
kein Erfolg hängt nur von einem Talent ab

Am Übergang vom vorigen zu diesem Kapitel will ich einen Aspekt herausarbeiten, der allerdings für alles, was in diesem Buch über Leistungsvoraussetzungen zur Erlangung von Erfolg gesagt wird, gilt. Es gibt keinen Erfolg, der nur von einer Leistungsvoraussetzung mitbestimmt wird. Es ist immer notwendig, viele verschiedene Leistungsvoraussetzungen durch harte Arbeit zu entdecken und in eine besondere Leistung umzusetzen. Man müsste eigentlich ebenso sagen, Erfolg entsteht nicht durch eine besondere Leistung. Auch hier gilt: Viele Leistungen gemeinsam lassen den Erfolg entstehen und wachsen. Niemals hängt Erfolg an einer einzigen dicken Schnur, an einer einzigen Leistungsvoraussetzung, die umgesetzt werden muss.

Erfolg ist stets das Ergebnis vieler besonderer Leistungen, wofür es notwendig ist, viele verschiedene oft auch dünne Schnüre an Leistungsvoraussetzungen zu entdecken und durch harte Arbeit zu einem dicken Seil zusammenzudröseln.

Am Übergang zwischen diesen beiden Kapiteln wird uns klar, dass ein Tänzer natürlich körperliche Begabungen (körperlich-kinästhetische Intelligenz) haben muss, wie wir es bereits besprochen haben. Aber handelt es sich um Kunst, sind etwa ein musikalisches Talent und andere künstlerische Begabungen mindestens genauso wichtig. Bei künstlerischen Leistungen fällt mir auch sofort die unverzichtbare Notwendigkeit intrapersonaler (Selbsterkenntnis seiner Gefühle, Schwächen und Stärken) und interpersonaler (die Fähigkeit, Stimmungen und Gefühle anderer zu

119

erfassen) Intelligenz ein. Und einen besonderen beruflichen Erfolg, eine besondere Leistung ohne den erfolgreichen Einsatz emotionaler Intelligenz können wir uns überhaupt nicht vorstellen. Auch das haben wir bereits gesagt. Ich möchte Sie bitten, bei allem Gesagten und noch zu Sagenden, immer wieder einmal in das Kapitel „Verschiedene Begabungen" zurückzublättern. Sie werden feststellen, dass es keine besondere Leistung, keinen Erfolg gibt, bei der/dem wir nicht alle genannten (und noch viel mehr) Begabungskategorien als Voraussetzung dafür wiederfinden.

Ich hatte auch schon die Ehre, ein langes öffentliches Podiumsgespräch mit dem weltberühmten Dirigenten und amtierenden Generalmusikdirektor der Wiener Staatsoper Franz Welser-Möst über Talente und Talentförderung zu führen. Ich erzähle Ihnen gleich noch davon. Auf die Frage, was ein Dirigent können muss, fasste Franz Welser-Möst einmal zusammen: „1) Das musikalische Talent beschränkt sich nicht auf die Beherrschung eines Instruments. Naturgemäß kann kein Mensch sämtliche Orchester-Instrumente spielen ... 2) Organisatorisches Talent benötigt der Dirigent schon allein für sein eigenes Zeit-Management ... 3) Das kommunikative Talent besteht einerseits aus der Gestik, der Zeichensprache des Dirigenten. Diese sogenannte ‚Schlagtechnik' hat wie jede Sprache zigtausende Nuancen, die auch vom Gesprächspartner abhängen ... 4) Das psychologische Talent ist heute nötiger denn je. Dirigenten, wie alle Führungspersönlichkeiten, sind in unserer heutigen Gesellschaft nicht automatisch auf Grund ihrer Position eine Autorität." (Sinkovicz W.: „Franz Welser-Möst. Kadenzen. Notizen und Gespräche") Das reiht sich perfekt in das Dogma ein: Kein Erfolg hängt nur von einem Talent ab.

Kann ein Talent ein anderes wettmachen?

Wenn wir bei unserem Beispiel mit dem Zusammendröseln vieler Talente zu einem dicken Seil des Erfolges bleiben, gelangen wir zu einem sehr wichtigen und auch kritischen Punkt all meiner Thesen in diesem Buch. Sie werden sehen, ich werde dieses Beispiel mit dem aus vielen dünnen Schnüren zusammengedröselten Seil später noch einmal in einem leicht anderen Zusammenhang verwenden. Auch weil man mit diesem Beispiel argumentieren kann, dass wenn eine dicke Schnur reißt, sie keine Funktion mehr hat. Wenn hingegen eine dünne Schnur, die eine von sehr vielen zu einem dicken Seil zusammengedröselten Schnüren ist, reißt, dann kann das dicke Seil immer noch voll funktionstüchtig sein. Das stimmt schon. Aber bedeutet das, dass eine fehlende Leistungsvoraussetzung einfach immer durch eine andere wettgemacht werden kann?

Die Antwort darauf ist sehr klar und zeigt leider mit unverrückbarer Härte auf biologische Grenzen: Nein. Wenn der von uns angesprochene Basketballbegeisterte nur 165 Zentimeter groß ist, kann er noch so ein großes Lungenvolumen, noch so eine emotionale Intelligenz, Teamfähigkeit etc. haben – er wird vieles, vielleicht sogar sehr vieles wettmachen (wir haben über die kleinen NBA-Stars als Beleg dafür gesprochen), aber der Größennachteil bleibt bestehen. So ungern wir das eigentlich hören wollen. Wenn ich Ihnen versichere, dass ich ab sofort Tag und Nacht übe, lerne und trainiere. Wenn ich Ihnen versichern könnte (und wie sollte ich das können?), dass ich sehr hohe emotionale, intrapersonale, interpersonale, visuelle, intellektuelle etc. Begabungen hätte. Würden Sie mir dann zustimmen, dass überhaupt nichts dagegen spricht, dass ich nach geraumer Zeit des intensivsten (von mir aus auch 10.000 Stunden) Übens, Übens und Übens singen werde wie Plácido Domingo? Nein? Warum nicht? Weil man so etwas hat, oder eben nicht?

Die Stimme

Fragen wir doch einfach den, der als einer der wichtigsten Stimmenkenner unserer Zeit gilt. Ich durfte ihn lange und ausführlich dazu befragen: Ioan Holender, der längst amtierende Direktor der Wiener Staatsoper seit dem Bestehen des Hauses (1869). Herr Direktor Holender hat schon vorher im Zuge seiner Tätigkeit als Sängeragent und dann 18 Jahre lang als Staatsoperndirektor eine Vielzahl heute weltberühmter Sängertalente entdeckt und war auch zum Beispiel nicht unmaßgeblich an der Karriere Plácido Domingos beteiligt. Ich habe ihn nach besonderen Leistungsvoraussetzungen gefragt, weil er in seinem aktuellen Buch „Ich bin noch nicht fertig" schreibt: *„Dabei spielt die persönliche Entwicklung eines jeden eine wichtige Rolle, wobei angeborene Begabung vieles wettmachen kann, manchmal sogar alles. Stimmen von außerordentlicher Schönheit des Timbres, von Farbe, Größe, Umfang und Interpretationstalent haben manchen zu Karrieren verholfen, die dann jedoch durch undisziplinierten Umgang mit den eigenen Ressourcen rasch endeten."*

Seine Antwort war sehr eindeutig. Direktor Holender ist fest davon überzeugt, dass der angeborene, genetische Anteil an der Stimme eines Menschen enorm, um nicht zu sagen alles ist. Eine Stimme hat man, oder eben nicht. Es beginnt schon damit, dass man ein Organ haben muss, welches einem ermöglicht, für 2000 Menschen hörbar zu singen. Das besitzen schon die wenigsten. Und dann muss das noch eine schöne Stimme sein. Natürlich muss man daraus etwas machen. Und selbstverständlich ist es äußerst gefährlich, sich bei der Verwendung seiner Stimme nicht an bestimmte Regeln zu halten. Einerseits kann nicht jede Stimme jede Partitur singen. Und andererseits darf man niemals zu viel singen. Wie oben beschrieben, kann der undisziplinierte Umgang mit seiner Stimme fatale Folgen für seine Karriere haben. All das habe ich von Direktor Holender gelernt. Aber seine Stimme hat man – die Anlage dafür ist wohl biologisch. Nennen Sie es Begabung oder Talent – Sie wissen, ich nenne es einfach lieber eine besondere Leistungsvoraussetzung, die durch harte Arbeit entdeckt und in eine besondere Leistung umgesetzt werden muss.

Berücksichtigt man alles, was wir bisher über die starken genetischen Einflüsse auf körperliche Merkmale des Menschen gesagt haben, so erscheint es eigentlich nicht überraschend, dass die Stimme sehr stark genetisch mitbestimmt ist. Zwei eineiige Zwillinge haben nahezu gleiche Stimmen. Verwandte verfügen öfter über ähnliche Stimmen. Die Stimme hängt im Wesentlichen von der morphologischen Beschaffenheit des Stimmapparates ab. Wie straff sind die Stimmbänder, wie nahe stehen sie zueinander und wie symmetrisch sind sie? Wie groß ist der Kehlkopf? Wie sind die Muskeln in der Nähe angelegt und aufgebaut? All das sind wesentliche Fragen im Zusammenhang mit der Stimme eines Menschen. Die Stimme der Menschen ist äußerst individuell und sehr stark biologisch mitbestimmt. Erst vor Kurzem konnten konkret entscheidende Gene für die Beschaffenheit des Stimmapparates bei dem Modell der Zebrafinken identifiziert werden. Für Vögel ist die spezifische individuelle Stimme/Tonlage von überlebenswichtiger Bedeutung.

Das Hören

Die Stimme ist das Instrument der Sänger. Aber welche besonderen Leistungsvoraussetzungen benötigt ein Pianist, ein Geiger, ein Dirigent ...? Ganz im Sinne des oben Besprochenen wird uns gleich klar, dass einerseits all diese Künstler ihr spezielles Set an vielen verschiedenen Leistungsvoraussetzungen brauchen. Es würde natürlich den Rahmen dieses Buches sprengen, sich jetzt im Detail über all diese verschiedenen notwendigen Begabungen Gedanken zu machen mit dem Ziel, genetische Faktoren und Umweltaspekte dabei zu vergleichen. Das Hören könnte allerdings eine Leistungsvoraussetzung sein, die wohl alle Musiker benötigen.

Maestro Welser-Möst hat auf meine Frage nach den Anlagen für das Hören gesagt, dass man in diesem Zusammenhang sehr viel üben und trainieren kann, jedoch eine bestimmte angeborene Grundvoraussetzung von großem Vorteil ist. Gefragt habe ich, weil natürlich klar ist, dass Musikalität etwas mit dem richtigen Hören der Töne zu tun hat, und weil das sogenannte absolute Gehör, aber auch Ton-Taubheit (wenn Töne überhaupt nicht unterschieden werden können) schon immer einem gewissen eben auch genetischen Ursprung zugeordnet wurden. Selbstverständlich kann und soll man bei Kindern schon sehr früh feststellen, ob sie ein entsprechendes „musikalisches" Gehör haben oder nicht. Und ja, genetische Ursachen sind in diesem Zusammenhang schon sehr viele bekannt. Es wurden auch schon entsprechend viele Untersuchungen von Genetikern gemeinsam mit Musikwissenschaftlern an „musikalischen" und „unmusikalischen" Familien durchgeführt. Es wurde dabei genau studiert, wie gut die Probanden Tonhöhen, Tonlängen und Tonmuster unterscheiden konnten. Und dann wurden entsprechende genetische Analysen durchgeführt. In der Tat kamen charakteristische Unterschiede an Genen zum Vorschein, die bereits früher mit Klang-Verarbeitung in Verbindung gebracht wurden. Ein solches Gen codiert etwa für ein Protein, das eine wesentliche Rolle bei der Bildung der Klangsensoren, der kleinen Haarzellen im Innenohr spielt. Ein anderes so identifiziertes Gen steht in Verbindung mit Dyslexie (Problemen mit Lesen und Verstehen von Wörtern) (Pulli K. et al.: J Med Genet. 45: 451-6, 2008; Tervaniemi M. Ann N Y Acad Sci., 1169:151-6, 2009).

Bevor ich jetzt all die vielen wissenschaftlichen Erkenntnisse zur Genetik des Hörens aufzähle, würde ich lieber gerne die Gelegenheit nutzen, mit der weitverbreiteten Meinung, dass ein absolutes Gehör (das im Gegensatz zum relativen Gehör keinen Referenzton zum Vergleich vorgespielt bekommen muss, um einen Ton zu erkennen) ausschließlich genetisch veranlagt wäre, zu Gericht zu ziehen. Frau Prof. Elisabeth Theusch von der University of California hat zwar einerseits in der Tat Gene entdeckt, die eine Rolle bei der Entwicklung eines absoluten Gehörs spielen, aber auch klar zeigen können, dass Umweltfaktoren und Epigenetik dabei gleichfalls von großer Bedeutung sind (Theusch E., Gitschier J., Twin Res Hum Genet., 14: 173-178, 2011). Also Umwelt allein reicht nicht aus, aber Genetik allein auch nicht. All diese Studien zeigen auch klar, dass die Musikalität, das Hören, die Stimme und die Sprache offensichtlich unter einem biologischen gemeinsamen Schirm zu sehen sind. Was uns direkt dazu führt, dass musisch begabte Menschen natürlich auch besondere Leistungsvoraussetzungen im Bereich sprachlicher Intelligenz haben müssen, die wir später noch bei Berufen wie Politikern oder Rechtsanwälten ansiedeln werden. Aber zuvor noch der Übergang zu anderen Begabungen, die wahrscheinlich sogar noch wichtiger sind.

Die Kreativität – erster Teil

Ich habe dieses Kapitel „*Kunst*" genannt, aber eigentlich nur, weil mir eine andere Kategorisierung schwerfiel. Sie merken schon, Kategorisierungen sind generell nicht meine Sache. Und im Zusammenhang mit der in diesem Buch geführten Diskussion kann man Kategorisierungen zwar einführen – sie lösen sich nur sofort wieder auf. Vor allem weil eben für eine Leistung viele Leistungsvoraussetzungen zusammenspielen, und für Erfolg viele Leistungen. Kunst ist ein sehr schwer zu begrenzender Begriff, und das ist auch gut so. Den künstlerischen Tanz haben wir schon erwähnt und ihm viele Leistungsvoraussetzungen zugeordnet (körperliche, musische etc.). Jetzt haben wir natürlich nur exemplarisch einen kleinen Blick in die Welt von Sängern, Instrumentalisten, Dirigenten gewagt. Kunst ist viel mehr. So haben wir etwa die bildnerischen Künste schon einmal in diesem Buch im Zusammenhang mit räumlich-visuellen Begabungen erwähnt. Es gäbe zu all dem noch so viel zu sagen. Und die Diskussionen darüber sollen und müssen geführt werden – der vielen nicht entdeckten und nicht geförderten Talente wegen. Eines aber eint wohl alle Künstler – ihre Kreativität. Im Sinne der Diskussion dieses Buches muss also die Frage erlaubt sein, ob es genetische Anlagen für Kreativität gibt oder ob die Kreativität eines Menschen erst durch Umwelteinflüsse allein „entsteht".

„Talent" und „Begabung" sind äußerst schwer zu definierende Begriffe, die auch sehr oft nicht ganz eindeutig verwendet werden. Bei „Kreativität" ist es aber in keiner Weise einfacher. Das Wort leitet sich vom lateinischen „creare" ab, was so viel bedeutet wie „etwas neu schöpfen, etwas herstellen". Es ist ein heute immer öfter fast schon inflationär verwendetes Wort, dessen Bedeutung aber eigentlich nicht klar definiert ist. Gemeint ist aber häufig, dass Kreativität eine schöpferische Gabe darstellt, die etwas Neues hervorbringt. „Novelty seeking" lautet der Begriff, den der bekannte US-amerikanische Psychiater und Genetiker Robert Cloninger in ähnlichem Zusammenhang verwendet. Er hat viele Gene und Genloci veröffentlicht, bei denen er charakteristische Sequenzveränderungen zwischen kreativen und weniger kreativen Menschen (beziehungsweise solchen mit bestimmten Berufen) gefunden hat.

Wenn man all die unzähligen wissenschaftlichen Studien zusammenfasst, die sich mit eventuellen biologischen Leistungsvoraussetzungen für Kreativität beschäftigten, so scheinen sich ein gute und eine schlechte Nachricht dabei herauszukristallisieren. Wie immer zuerst die schlechte: All jene Ratgeber, die behaupten, Kreativität sei erlernbar, scheinen zu irren. Die Gabe, schöpferisch Neues zu schaffen, bleibt ein Leben lang stabil und gleich. Natürlich bedarf es auch in diesem Fall harter Arbeit, diese Leistungsvoraussetzungen zu entdecken und umzusetzen. Und natürlich kann und muss alles getan werden, diese Gabe so oft wie möglich und so kraftvoll wie nur irgend möglich einzusetzen. Der deutsche Psychologe Heinz Schuler sagt in diesem Zusammenhang: *„Aus einem unkreativen Menschen kann man keinen kreativen Menschen machen. Allerdings lässt sich eine Umgebung schaffen, in der Menschen ihren Schöpfergeist leichter entfalten können."* (Weiß B., GEOkompakt Nr. 28: 128, 2011; Schuler H., Görlich Y., Hogrefe Verlag GmbH + Co, 2006). Also dürften biologische besondere Leistungsvoraussetzungen in diesem Zusammenhang zumindest von Einfluss sein. Die gute Nachricht ist, dass die Wissenschaft die „Leistungsvoraussetzung Kreativität" nicht als Privileg eines kleinen Personenkreises sieht. Strittig scheint zu sein, ob es sich dabei um einen Grundwesenszug des Menschen handelt, der ihn etwa vom Rest der Tierwelt unterscheidet. Mit den ach so großen Unterschieden zwischen Mensch und dem Rest der Tierwelt habe ich allerdings sowieso immer wieder meine Probleme.

Fest scheint allerdings zu stehen, dass Kreativität eine Anlage ist, die sehr viele Menschen haben. Und auch festzustehen scheint, dass viel zu wenige Menschen ihr kreatives Potenzial ausschöpfen. Zumeist ist das nicht die Schuld der Menschen selbst, sondern ihrer nicht vorhandenen fördernden und fordernden Umwelt. *„Als Kind ist jeder ein Künstler. Die Schwierigkeit liegt darin, als Erwachsener einer zu bleiben"*, hat Pablo Picasso gelegentlich festgestellt. Das ist umso erstaunlicher, als kreative Ideen, erfolgreiche Innovationen und fantasievolle Mitarbeiter heute sehr oft sehr plakativ als die Währung des Erfolges von Unternehmen gehandelt werden.

Ich habe in diesem Buch schon an vielen Stellen (und werde es noch öfter) klar meine Meinung vertreten, dass Individualität das höchste Gut, die beste Karte für die Zukunft ist. Wenn wir an unseren Schulen, unseren Universitäten und in unseren Unternehmen auch noch die Bedingungen vorfinden würden, unser Potenzial kreativ – im Sinne der schöpferischen Erarbeitung von Neuem – einsetzen zu können, dann wäre ja eigentlich alles optimal. Dem ist aber leider ganz und gar nicht so. Eben weil wir uns gerade in der Sackgasse des Strebens nach dem Durchschnitt befinden.

Kreatives Potenzial wäre aber unsere beste Karte für die Zukunft und wir müssten sie immer und überall ausspielen (können). Uta Reimann-Höhn argumentiert in ihrem Buch „Welche Talente und Begabungen hat Ihr Kind?" sogar, dass für das Erbringen herausragender Leistungen Kreativität in allen Bereichen unerlässlich ist: *„Zum einen ist die Einmaligkeit und die Besonderheit von Ideen zu nennen, die die gewohnten Wege des Denkens verlassen. Zum anderen verfügen kreative Menschen über eine große geistige Beweglichkeit, die es ihnen ermöglicht, schnell zwischen verschiedenen Ebenen zu wechseln, um so eine Problematik aus verschiedenen Blickwinkeln zu betrachten. Typisch für kreative Menschen ist auch die große Zahl an Einfällen und Ideen."* Wir könnten folglich das Grundkonzept dieses Buches noch ein bisschen erweitern: Besondere Leistungsvoraussetzungen müssen durch harte Arbeit entdeckt und umgesetzt werden – damit daraus eine besondere Leistung im Sinne von Erfolg wird, bedarf es an Kreativität. Das gilt. Ob immer – aber zumindest sehr oft. Ganz sicher aber gilt das für die Wissenschaft.

Wissenschaft

Die Kreativität – zweiter Teil

Wenn man es genau nimmt, überschneiden sich die Inhalte der Wörter „Kreativität" und „Wissenschaft" sogar. Wir haben gesagt, dass Kreativität etwas Neues hervorbringt (hervorbringen soll) und dabei Lösungen kreiert, die gewissermaßen einzigartig sind. Kreativität inkludiert praktisch irgendwie das Außergewöhnliche und Unkonventionelle. Künstler und Wissenschaftler müssen kreativ sein. „Wissen schaffen" meint prinzipiell, dass es das Ziel jedes Wissenschaftlers sein muss, etwas Neues, etwas noch nie Dagewesenes zu schaffen. Es geht in der Wissenschaft um die tägliche Mondlandung. Und noch härter formuliert: Ein Wissenschaftler schafft kein Wissen, wenn er etwas entdeckt, was es schon gibt oder wenn er etwas aufklärt, was schon jeder weiß. „Change the way of thinking!" Das ist das Ziel. Jeder wissenschaftliche Doktorand muss als Ziel eine neue Erkenntnis haben. Dabei stellt sich nicht direkt und prinzipiell die Frage, ob es eine große oder kleine Erkenntnis ist, ob sie unmittelbar anwendbare Konsequenzen hat, ob sie in eine Innovation umgesetzt, ob sie zu Geld gemacht werden kann etc. Es geht darum, Grenzen zu finden, nicht um sich dadurch begrenzen zu lassen, sondern um darüberzusteigen.

Ich habe gerade im vorigen Kapitel gesagt, dass die Begriffe „Talent" und „Kreativität" gemeinsam haben, dass sie eigentlich schwer inhaltlich zu definieren sind. Sie haben aber noch etwas viel Wichtigeres gemeinsam: **Sie werten nicht.** Ich habe bereits genau erläutert, warum Talente nicht gewertet werden können – wir kennen die Fragen der Zukunft nicht und wissen nicht, welche Leistungsvoraussetzung einmal von größerer Bedeutung sein wird. Der Begriff „Talent" tut das aber auch per se nicht. Die Menschen sind es, die stets den unverzeihlichen Fehler machen, von großen und kleinen Talenten zu sprechen. Das gilt genauso für die Produkte kreativen Handelns. Es ist eigentlich gewissermaßen unzulässig, einem Kunstwerk einen Wert zu geben. Kunst und ihre Produkte können und sollen eigentlich nicht verglichen werden. Warum und wie der Kunstmarkt einen Wert (etwa in Geld) für ein Kunstwerk festlegt, hat ganz andere Gründe und folgt vor allem auch ganz anderen Gesetzen. Die Nachfrage bestimmt etwa den Wert. Was schließlich sehr oft auch dazu führt, dass der Tod des Künstlers den Wert seiner Werke steigert. Wenn ich konsequent bei meiner Argumentation bleibe, dann kann Kunst eigentlich keinen Wert haben. Damit meine ich natürlich nicht, dass Kunst keinen Wert für die Gesellschaft hat. Dieser Wert künstlerischen Schaffens kann überhaupt nicht hoch genug eingestuft werden. Aber das Kunstwerk mit einem Geldbetrag zu bewerten – das ist eine ganz andere Sache – und spiegelt vielleicht sogar sehr selten das Ausmaß kreativen Schaffens, das dafür notwendig war, wider.

In der Wissenschaft verhält es sich etwas anders, wenn es um die Wechselwirkung zwischen kreativem Schaffen und Bewertbarkeit geht. Direkte mittelbare Bewertungen von Wissenschaft müssen stets von Fehlern übersät sein. Es ist nämlich eigentlich vollkommen unwichtig, an welcher berühmten oder weniger berühmten Universität das Wissen geschaffen wurde. Es ist irrelevant, von wem, ob von einem berühmten Kollegen oder von einem Unbekannten. Es ist unwesentlich, wo die neue Erkenntnis publiziert wurde (vorausgesetzt, es ist international zugänglich), wie viel Geld dafür ausgegeben wurde oder wie viele Wissenschaftler daran gearbeitet haben. „Change the way of thinking", „Contribution to the scientific field", das sind Kriterien der Bewertung, die von größerer Bedeutung sind. Wissenschaftlich neue Erkenntnisse haben aber wahrscheinlich/vielleicht grundsätzlich immer einen Wert im Sinne eines Nutzens für die Menschheit, vollkommen unabhängig davon, ob es sich um Geistes- oder Naturwissenschaften handelt, vollkommen unabhängig davon, ob es sich um Medizin, Physik, Chemie oder Philosophie handelt. Das Problem der heute so häufig durchgeführten Bewertungen von Wissenschaft ist, dass viele gerne sofort einen unmittelbaren Nutzen hiervon hätten. Das ist im Bereich der angewandten Forschung auch oft möglich. Im Bereich der Grundlagenwissenschaften aber kann sich die (praktische) Bedeutung eines neuen Wissens möglicherweise erst Jahrzehnte später herausstellen.

Im Zusammenhang mit unserer Diskussion über individuelle Talente, ihre Entdeckung und Förderung stellt das gewissermaßen ein zusätzliches Problem dar. Wir haben gesagt, dass Begabungen und Talente sich unserer Beobachtung entziehen. Was wir sehen, ist das Ergebnis, im besten Fall der Erfolg, der sich durch die Wechselwirkung besonderer individueller Leistungsvoraussetzungen und Umweltfaktoren (harte Arbeit, sie zu finden und umzusetzen) einstellt. Was aber, wenn in der Wissenschaft, vor allem in der Grundlagenwissenschaft, sogar der Erfolg (also gewissermaßen die Bedeutung des Ergebnisses, des neuen Wissens) so einfach oft nicht messbar ist? Ich komme am Ende dieses Kapitels noch darauf zurück, dass es so kompliziert dann wieder doch nicht ist.

Das Problem mit der Reproduktion

Wir müssen an dieser Stelle des Buches eine sehr grundsätzliche Diskussion zulassen. Ich führe sie im Kapitel „Wissenschaft", weil sie hier sehr gut erklärbar ist.

Eine existenzielle Frage ist, ob die Umsetzung besonderer Leistungsvoraussetzungen durch harte Arbeit auch dann als Erfolg bezeichnet werden kann, wenn sie zu nichts Neuem führt.

131

Oder werden unter diesen Umständen dann Talente „verschwendet"?

Sie sehen jetzt auch, warum ich diesen Aspekt in diesem Kapitel diskutiere. Weil es sich in der Wissenschaft ganz klar beantworten lässt. Wer nicht kreativ etwas Neues schafft, hat in der Wissenschaft nichts geschafft. Das haben wir bereits festgehalten. Wir haben aber auch schon festgestellt, dass Kreativität in unserem Konzept eigentlich stets von Bedeutung ist, weil der Erfolg im besten Fall immer etwas Individuelles, etwas Andersartiges, etwas schöpferisch Neues beinhalten sollte. Beginnt wissenschaftlicher Erfolg erst da, wo er etwas Neues kreiert? Eindeutig ja! Aber beginnen auch handwerkliche, künstlerische, politische Erfolge oder auch Managementerfolge erst da, wo sie kreativ Neues schaffen oder zumindest zum Ziel haben? Ich meine ja! Wenn jemand eine Mozart-Partitur am Klavier spielt, dann stellt sich der Erfolg erst wirklich ein, wenn er sie interpretiert. Durch die individuelle Interpretation des Pianisten wird sie zu etwas Neuem und zu einem Erfolg. Die reine kopiengetreue Reproduktion ist sicher auch schön anzuhören, aber nicht Kunst. Sie meinen, das ist hart formuliert? Sie meinen, das ist eine zu hohe Messlatte? Ich meine ja nur, dass dadurch, dass man seine eigene Interpretation kreiert, Individualität zwingend zu Neuem führt. Das ist doch das Erstrebenswerte. Und dafür benötigt man eine Menge von Leistungsvoraussetzungen, wie künstlerische Talente, oft auch motorisch-körperliche Fähigkeiten, kreative Begabungen und vieles mehr. Etwas Neues daraus zu machen, das muss das Ziel sein.

In der bildnerischen Kunst ziehe ich (und ich bin mir sicher, auch Sie) das Neue, noch nie Dagewesene auch stets der reinen Kopie, der reinen Reproduktion vor. Ich schätze die Fotografie, die mir das Objekt durch das Auge des Fotografen mit all seinen individuellen Interpretationen zeigt, viel mehr als die passfotoähnliche reine Wiedergabe der Realität. Ich will auch nicht wissen, wie eine Semmel schmeckt, sondern wie die Semmel meines

Bäckers schmeckt. Ich will auch nicht wissen, wie die gängige Therapie im Falle meiner Erkrankung aussieht, sondern wie die individuell auf mich zugeschnittene und daher für mich optimale Therapie meines Arztes dafür aussieht. Jeder Patient ist anders, ist individuell! Ich möchte individuelle Betreuung bei meinem Haarschnitt, individuelle Leistung des Koches, wenn ich ins Restaurant gehe, und möglichst individuelle Betreuung als Hotelgast. Wenn wir doch einerseits um die große Bedeutung der Individualität für die Lösung der Fragen der Zukunft wissen und außerdem Individualität in allen Lebensbereichen, in der Wissenschaft, in der Kunst, im Sport und auch in unseren sozialen Beziehungen einfach mehr schätzen, warum orientieren wir uns dann bei der Auswahl und Ausbildung der Kindergartenkinder, der Schüler, der Studenten, unserer Mitarbeiter viel zu oft am ebenso wissenschaftlich ermittelten wie wertlosen Durchschnitt? Warum wollen wir dann nicht, dass unsere Kinder, Schüler, Studenten, Mitarbeiter aus der Reihe tanzen? Warum wollen wir dann selbst nicht aus der Reihe tanzen?

Ich habe in den ersten Kapiteln dieses Buches schon intensiv versucht, eine Reihe von Begründungen für dieses aktuelle durchschnittsfrömmige Phänomen (Angst, Bequemlichkeit, Sicherheitsgefühl, einer von vielen sein zu wollen etc.) zu finden. Ich will nicht sagen, dass wir nicht Mindeststandards brauchen – in der Bildung, in der Medizin, beim Backen meiner Semmel. Das ändert aber nichts daran, dass reine Reproduktion auf Dauer nicht der richtige Weg ist:

Wenn besondere Leistungsvoraussetzungen durch harte Arbeit entdeckt und in etwas Nichtindividuelles, schon Dagewesenes umgesetzt werden, sollten wir nicht von Erfolg, sondern von Talentverschwendung sprechen.

Was ist neu?

Da haben wir aber schon die nächste äußerst wichtige Frage aufgeworfen: Was ist neu? Es muss uns bei der Argumentation rund um die große Bedeutung von Individualität, von Talentförderung, Kreativität, Erfolg, etwas Neues zu schaffen, klar sein, dass es irgendwie bestimmt werden muss. Bloß aus der Reihe zu tanzen und einen neuen Weg zu gehen reicht freilich nicht aus.

Die Tatsache, dass man es anders macht als ein anderer, allein erfüllt noch nicht notwendigerweise den Anspruch des (sinnvollen) Neuen.

Um festzustellen, ob ich wirklich etwas Neues, etwas noch nie Dagewesenes geschaffen habe, muss ich die Voraussetzungen, den aktuellen Stand der Dinge, die Geschichte kennen. **Wer den Wert der gegenwärtigen Leistung für die Zukunft einschätzen will, muss die Vergangenheit kennen.**

Wenn ein Wissenschaftler eine Frage stellt, um durch die Antwort darauf etwas Neues zu schaffen und meist dabei neue Fragen aufzuwerfen (was fast das noch Wichtigere daran ist), so muss er eigentlich wissen, ob die Frage schon beantwortet ist. Und damit meine ich ganz klar, dass es nicht ausreicht, wenn *er* es nicht weiß. *Man* darf es noch nicht wissen. Nur wer den aktuellen Stand der Wissenschaft kennt (zumindest auf seinem Gebiet – das ist schwer genug), kann neues Wissen schaffen. Natürlich kann es auch Hoppalas geben. Natürlich kann man auch zufällig etwas Neues entdecken, ohne eigentlich gewusst zu haben, dass es noch nicht existiert. Das ist auch Teil der Wissenschaft. Im überwiegenden Teil der Fälle ist es aber so, dass der Wissenschaftler gezielt seine Frage stellt, um sie dann gezielt – sei es experimentell (wie etwa in meinem Falle) oder auch theoretisch – zu beantworten oder es zumindest zu versuchen. Den Wert des Neuen an einem Kunstwerk zu diskutieren setzt genauso voraus, den Stand der Dinge zu kennen. In der Wirtschaft ist dieser Zusammenhang noch viel brutaler. Sehr oft existieren bereits Patente auf eine Entwicklung und man muss dann schmerzlich feststellen, dass das, was man für eine Innovation gehalten hat, schon von anderen entwickelt und geschützt wurde. Sollte man selbst nicht gleich dahinterkommen, erinnern nicht selten die Anwälte der Konkurrenzfirma daran. Das Neue hat nun eben seinen Wert. Und daher ist es auch nur verständlich, dass ein Unternehmen, ja oft ein ganzes Land, den Wert seiner innovativen Forschung und Entwicklung über die Zahl der neu angemeldeten Patente definiert. Wenn auch ein Patent auf etwas noch lange nicht bedeutet, dass es sich um eine erfolgreiche Innovation handelt.

Das Talentshow-Dilemma

Eigentlich sind es mehrere Widersprüche. Einerseits hat die Jury bei den heute so populären Talentshows offensichtlich die Aufgabe, Talente zu bestimmen, zu werten, zu entdecken. Talente, im Sinne besonderer Leistungsvoraussetzungen, so haben wir gesagt, entziehen sich aber der Messbarkeit. Bewerten kann man nur die Leistung, die sich aus Leistungsvoraussetzungen durch Umwelt entwickelt. Also sind das gewissermaßen Leistungsshows. Natürlich treten sehr oft sehr begabte Menschen dabei vor die Jury. Das eigentliche Dilemma, das die Jury hat, ist die notwendige Gratwanderung zwischen der meist hoch eingeschätzten Fähigkeit ihrer Kandidaten zu reproduzieren und dem irgendwie auch einzufordernden Neuwert. Wenn der Kandidat das Lied, das er ja meist nicht selbst komponiert oder getextet hat, so singt, dass es niemand erkennen kann, fliegt er raus. Wenn er es aber einfach nur ganz korrekt, kopiengetreu, „brav" genau nach vorgegebenen Noten und Text vorträgt, holt er auch niemanden hinter dem Ofen hervor. Das ist keine leichte Gratwanderung.

Für mich ist ein unverzichtbarer Bestandteil einer erfolgreichen Leistung die darin beinhaltete Individualität. Auch weil diese vielleicht am Anfang im Ausmaß noch etwas geringer eigene

Note beim Interpretieren eines Musikstücks eines anderen das Sprungbrett zu noch höheren Hemisphären an Individualität bildet – der eigenen Komposition. Das Hinführen dazu sollte das eigentliche Ziel von Talentshows sein. Was haben wir davon, wenn nach dem Gewinn der Talentshow der Kandidat sich so versteht, dass er schon ein Held ist, wenn er weiter brav Lieder anderer nachsingt!

Der Mythos Intelligenzquotient

Aber jetzt zurück zur Diskussion um besondere eventuell biologische Leistungsvoraussetzungen für Wissenschaft, für Wissenschaftler. Wir haben bereits gesagt, dass Kreativität eine (die) unverzichtbare Voraussetzung für wissenschaftlichen Erfolg ist. Und wir haben erläutert, dass man heute davon ausgeht, dass die Anlage zur Kreativität durchaus biologische Komponenten hat. Natürlich gibt es im Zusammenhang mit der Erarbeitung wissenschaftlicher Leistungen noch sehr viele andere Leistungsvoraussetzungen zu nennen. Eigentlich brauchen wir nur wieder einmal in das Kapitel „Verschiedene Begabungen" zurückzublättern und einfach alle dort genannten Begabungskategorien noch einmal durchzulesen. Ich erlaube mir dann gleich noch etwas dazu zu sagen.

Wann immer man besondere Leistungsvoraussetzungen für Wissenschaftler diskutiert, argumentieren alle Gesprächspartner sehr schnell mit dem dafür notwendigen Intelligenzquotienten. Wie hoch war wohl der Intelligenzquotient von Albert Einstein oder der von Erwin Schrödinger!? Es ist an dieser Stelle wichtig festzustellen, dass wir das Wort Intelligenz in diesem Buch eigentlich mit zwei Bedeutungen kennengelernt haben. Wir haben die sprachliche Intelligenz, die musikalische Intelligenz oder auch die logisch-mathematische Intelligenz und vieles mehr kennengelernt, wobei hier das Wort Intelligenz eher synonym für Talent oder

Begabung verwendet wird. Der Intelligenzquotient ist aber eine Kenngröße zur Bewertung des allgemeinen intellektuellen Leistungsvermögens eines Menschen. Sie werden gleich sehen, warum mir der Intelligenzquotient gar nicht liegt. Er wird nämlich durch den Vergleich mit dem Durchschnitt (hier im Allgemeinen als 100 definiert) ermittelt! Der dafür durchgeführte Intelligenztest bewertet die Intelligenz eines Menschen mit dem anhand einer Normstichprobe geschätzten Durchschnitt der Gesamtbevölkerung im selben Zeitraum und im vergleichbaren Alter. Damit kann man doch keine Freude haben.

In die Diskussion um eventuelle biologische Leistungsvoraussetzungen beziehungsweise Talente muss der Intelligenzquotient aber auch deshalb eingebracht werden, weil es durch unzählige wissenschaftliche Studien heute als erwiesen gilt, dass der Anteil der Gene daran zumindest 50 Prozent ausmacht. Das ist zugegeben hoch. Das ist zugegeben eine nicht wegzudiskutierende Größe. Das bedeutet, dass unser allgemeines intellektuelles Leistungsvermögen zumindest zu 50 Prozent von Anfang an existiert, biologisch festgeschrieben ist. Für viele, ja sogar sehr viele unserer 22.500 Gene wurden Bedeutungen im Zusammenhang mit unserem allgemeinen intellektuellen Leistungsvermögen vorgeschlagen, genau getestet und schließlich bewiesen. Ob es uns nun recht ist oder nicht, der Schluss daraus lautet:

Es gibt wohl keine besondere Leistung im Sinne von Erfolg, für deren Erreichung das allgemeine intellektuelle Leistungsvermögen des Menschen irrelevant ist. Da dieses Leistungsvermögen zumindest zu 50 Prozent genetisch bestimmt wird, gibt es keinen nicht biologisch mitbestimmten Erfolg.

Aber! Aber! Das bedeutet umgekehrt auch, dass die Umwelt selbst bei unserem intellektuellen Leistungsvermögen eine enorme Rolle spielt!

Es gilt also gerade im intellektuellen Bereich all das, was wir bisher im Buch für alle besonderen Leistungen des Menschen gesagt haben. Ohne diese biologischen Leistungsvoraussetzungen zu entdecken und den Menschen zu ermöglichen, sie zu entfalten, sind sie wertlos. Viele, viel zu viele Träger vielleicht sogar sehr hoher biologischer Intelligenzvoraussetzungen lernen wir nie kennen, weil sie nicht lesen und schreiben und daher auch keinen Intelligenztest machen können. Wenn es aber 50 Prozent zu 50 Prozent steht, zwischen Genetik und Umwelt, hat es dann überhaupt Sinn, seinen Intelligenzquotienten zu bestimmen? Nun, ich kann die Frage zumindest für jene Bereiche beantworten, die ich seit vielen Jahren gut kenne: die Studentenausbildung an der Universität und die Forschung. Sollte mir ein Student oder ein wissenschaftlicher Mitarbeiter meines Instituts seinen ermittelten Intelligenzquotienten als Argument für was auch immer vorlegen, so müsste ich wahrscheinlich nur lachen. Oder nein! Ich würde mit ihm ein wenig weinen. Warum? Weil ich ihm sagen müsste, dass sein Intelligenzquotient in seinem Leben mehr oder weniger gleich bleibt. All das viele Lernen, Vorlesungen besuchen, all der Prüfungsstress, all die vielen Experimente im Labor, das Lesen wissenschaftlicher Veröffentlichungen, das Besuchen wissenschaftlicher Kongresse – und der Intelligenzquotient ändert sich nicht! Wie traurig!

Die einen sagen dazu, dass der Intelligenzquotient vielleicht vorwiegend den genetischen, nicht veränderbaren Anteil am intellektuellen Leistungsvermögen bestimmt. Die anderen sagen, er berücksichtigt Genetik und Umwelt, bleibt aber nun einmal mehr oder weniger ein Leben lang gleich. Die dritten sagen, er ändert sich ja ohnedies. Einerseits ändert sich sogar der Bevölkerungsdurchschnitt bei Intelligenztests über die Jahre (das ist der sogenannte Flynn-Effekt) und andererseits zeigen aktuelle Studien, dass sich der Intelligenzquotient im Leben jedes Einzelnen schon, wenn auch nur geringfügig, ändern kann. Interessanterweise sind sich die Studien nicht einig darüber, wie lange er zunehmen kann und ab wann im Laufe des Lebens er wieder abnimmt!?

Interessant ist außerdem, dass wir mehrere Leistungsvoraussetzungen (Talente) des Menschen in diesem Buch kennenlernen, die im Lauf des Lebens gleich bleiben: Die Anlage zur Kreativität steht unter diesem Verdacht, der Intelligenzquotient (mehr oder weniger), und wir werden etwas später noch über Empathie und Temperament reden – warten Sie ab.

Das „reale" wissenschaftliche Leben

Der Wissenschaftler muss von Kreativität in höchstem Maße erfüllt sein, damit bei Käse und Rotwein die Ideen nur so aus ihm raussprudeln. Okay. Er muss hochgradig intelligent sein, damit er all die schwierigen, ihm täglich begegnenden Fragen erfassen kann. Na vielleicht. Er muss zumindest in bestimmten Fächern eine hohe logisch-mathematische Begabung, für die sehr häufig und viele genetische Aspekte diskutiert, aber noch nicht viele bewiesen wurden, besitzen, um die großen entsprechenden Aufgaben lösen zu können. Mag sein.

Ich möchte Ihnen ja nur ungern Ihre Illusionen rauben, aber der Alltag wissenschaftlicher Arbeit ist oft wesentlich weniger spektakulär, als man sich das so vorstellt. Der Wissenschaftler steht genauso regelmäßig früh auf und arbeitet lang wie jeder andere auch, wofür er ein hohes Ausmaß an Konstanz, Konsequenz und Fleiß benötigt. Da Wissenschaftler in der Regel nicht viel Geld verdienen, sind sie wohl ein Paradebeispiel für intrinsische Motivation (ich werde später noch genau erklären, was ich damit meine und dass ich das für ein sehr wichtiges Talent des Menschen halte). Ich spreche sehr gerne vom „stillen Fleiß" der Wissenschaft, da das meiste, was man tut, unbemerkt für andere in seiner eigenen Welt bleibt. Die sehr oft fehlende Sichtbarkeit dieser Arbeit nach außen macht Eigenmotivation in der Wissenschaft zu einem unverzichtbaren Instrument. „Man will es einfach wissen, weil man es noch nicht weiß." Man muss weiters viele Vorträge, Besprechungen und „Verkaufsgespräche" (um Förderungseinrichtungen zu überzeugen) führen. Eine entsprechende sprachliche Begabung ist daher heutzutage für einen Wissenschaftler unerlässlich. Wissenschaft ist heute Teamarbeit und interpersonale Intelligenz bei einem international besetzten Forscherteam ohne Zweifel vonnöten. Zahlreiche Anlagen und Leistungsvoraussetzungen fallen mir noch ein, die gegenwärtig für erfolgreiche wissenschaftliche Arbeit unverzichtbar sind. Vielen Kollegen bereitet auch die Tatsache, dass man immer mehr zum Manager wird, Sorgen. Ich glaube weniger, weil hier grundsätzliche Ressentiments gegenüber Managern bestehen, als vielmehr, weil die „echten" Manager so viel mehr verdienen. Der stille Fleiß.

Management und Politik

Der Manager, der Politiker – ganz kurz

Warum „überhaupt" und warum „ganz kurz"? „Überhaupt", weil so oft man das Wort „Manager-Gen" oder die Phrase „zum Politiker wird man geboren" auch (zugegeben Gott sei Dank oft nur witzig gemeint) hört und lesen muss, so grundsätzlich falsch sind diese Aussagen doch. Es gibt keinen Beruf, für den ein Gen von so großer Bedeutung wäre. Erfolg ist multifaktoriell und ganz wesentlich von Umweltfaktoren geprägt, daher kann man eigentlich zu keinem Beruf wirklich „geboren sein". Wenn biologische Komponenten überhaupt dabei eine Rolle spielen, dann sind es viele, sehr viele Gene und deren Interaktionen sowie deren epigenetische Regulationen. Ich weiß, wir haben das alles schon detailliert besprochen. Sehen Sie, darum auch „ganz kurz".

Wir haben für beide Berufe die sprachliche Intelligenz und die interpersonale Begabung als wesentliche Kategorien bereits erläutert. Kreativität, das allgemeine intellektuelle Leistungsvermögen und natürlich Eigenschaften wie das Temperament sind auch ohne Zweifel für die erfolgreiche Ausübung beider Berufe von großer Relevanz. Es ist für uns klar, dass diese drei Kategorien ein Leben lang bei jedem Menschen eine hohe Konstanz aufweisen und sicher auch genetische Komponenten haben. Es ist für uns aber nicht klar, welche Charaktereigenschaften nun wirklich wofür von Bedeutung sind.

Die London Business School hat vor Kurzem eine Umfrage unter Top-Managern durchgeführt, um der Frage auf den Grund zu gehen, welche Talente denn die Manager selbst glauben zu brauchen. Was mir etwas Sorgen macht, aber ganz offensichtlich im internationalen Trend liegt, ist die Tatsache, dass das reine Fachwissen in diesem Zusammenhang an Bedeutung verliert. Zugenommen hat die Bedeutung von Präsentationsfähigkeit und interpersonalen Begabungen. Letzteres auch, weil sich Unternehmen nun einmal nicht mehr so einfach streng hierarchisch leiten lassen – und das ist ja auch gut so. Interessanterweise ist aber auch herausgekommen, dass die Manager selbst meinen, dass intrapersonale Talente heutzutage wohl am wichtigsten geworden sind. Ein Manager muss sich selbst kennen. Er muss wissen, wozu er in der Lage ist und was er eben nicht kann. Er muss ein Gefühl für seine Belastbarkeitsgrenzen entwickeln und muss seine Fehler sowie Mängel sehr gut kennen, um richtig mit ihnen umgehen zu können. Psychische Erkrankungen, vor allem Burnout, sind, so das allgemeine Verständnis, sehr oft einfach die Konsequenz mangelnder Selbstkenntnis und Selbstreflexion. Da ist ganz sicher etwas dran.

Mut zum Risiko, Mut, Neuland zu betreten und einmal andere Strategien auszuprobieren und schließlich auch die Verantwortung für alle damit verbundenen Konsequenzen zu tragen, sind Dinge, die sich offensichtlich viele Bürger von Managern und Politikern gleichermaßen wünschen. Ich ergänze gleich noch den Mut zu individuellen Lösungskonzepten und weniger Durchschnittshörigkeit. Sie erinnern sich, dass ich gerade der Politik unterstellt habe, sich viel zu sehr am Durchschnitt der Wählerschaft zu orientieren mit aus meiner Sicht unbegründeter Hoffnung, dadurch bei der nächsten Wahl mehr Wähler mobilisieren zu können. Na ja, vielleicht bei der nächsten Wahl noch, aber bei der übernächsten sicher nicht mehr. Erinnern Sie sich an das Zitat von Hans-Dietrich Genscher, das ich weiter vorne im Buch gebracht habe?

Zum Abschluss dieses kurzen Ausflugs möchte ich noch gerne ein spezifisches Talent von Politikern ansprechen, das einerseits offensichtlich von großer Bedeutung für ein erfolgreiches Politikerleben ist und andererseits durchaus biologische Komponenten zu haben scheint. Es dürfte für einen Politiker wichtig sein, jene Versprechen, die er vor der Wahl macht, nach der Wahl wieder schnell vergessen zu können. Eine ganz aktuelle Studie von Schweizer Genetikern hat gezeigt, dass das Gen CTNNBL1 die Aktivität in Hirnregionen steuert, die für das Gedächtnis wichtig sind. Dieses Gen ist also von großer Bedeutung für unsere Gabe, sich etwas merken zu können (Papassotiropoulos A. et al., Mol Psychiatry. 2011). Welche Varianten dieses Gens nun genau welche Rolle für eine stark vorhandene oder fehlende Informationsspeicherung in unserem Gehirn haben, muss aber noch gründlich erforscht werden. Vielleicht wäre es aber wissenschaftlich hilfreich, als Referenzgruppe für das eine (oder das andere) Politiker mit in das Untersuchungsklientel aufzunehmen? Das ist und bleibt ein Witz – auch wenn vielleicht nicht alle (Politiker) darüber lachen können.

Glück und soziale Begabungen

Emotionale Intelligenz

Wir haben bereits gehört, dass die Theorie der multiplen Intelligenzen von Howard Gardner, so populär sie auch ist, bestimmt auch ihre Gegner hat. Gardner postuliert, dass man durchaus auch nur in einer seiner Kategorien begabt sein kann und bei den anderen untalentiert. Das Konzept der allgemeinen Intelligenz argumentiert demgegenüber, dass man in allen Aspekten entweder begabt oder weniger begabt ist. Gardners Ansatz würde das auch zulassen, aber umgekehrt vertritt die Theorie der allgemeinen Intelligenz, dass Teil- beziehungsweise Spezialbegabungen eigentlich nicht möglich sind. Dennoch haben zwei von Gardner postulierte Intelligenzen, die intrapersonale und interpersonale, den Grundstein für die Idee der emotionalen Intelligenz nach John Mayer und Peter Salovey gelegt. Richtig populär wurde die Theorie der emotionalen Intelligenz schließlich durch die Bücher des US-Psychologen Daniel Goldman. Die Theorie basiert darauf, dass man (größere oder kleinere) Begabungen haben kann, Gefühle, Stimmungen, Motive, Schwächen und Stärken von sich selbst (intrapersonale) oder eben von anderen (interpersonale) zu erkennen. Dass solche besonderen Leistungsvoraussetzungen bei eigentlich allen Tätigkeiten beziehungsweise Berufen des Menschen von Bedeutung sind, leuchtet ein.

Empathie, soziale Kompetenz

Der Begriff Empathie steht dann eigentlich für interpersonale Intelligenz/Begabung und wird häufig auch als Einfühlungsvermögen (auf sein Gegenüber bezogen) bezeichnet. Der Begriff soziale Kompetenz (oft auch als Soft Skills bezeichnet) ist etwas weiter greifend, wenn er für die Begabungen und Einstellungen eines Menschen steht, seine Ziele mit den Werten einer Gruppe zu verknüpfen. Hier geht es also um soziale Interaktion in einem etwas größeren Rahmen.

Wir haben uns unter anderem in diesem Buch die Aufgabe gestellt, den Versuch zu starten, den aktuellen Stand der Wissenschaft zur Frage „Genetik und Umwelt" im Zusammenhang mit Begabungen zu beleuchten. Gerade in diesem so emotionalen Thema beeindruckt der Umstand, wie klar und eindeutig der Konsens der Wissenschaft betreffend Empathie heute ist: **Empathie, wie sozial und verständnisvoll jeder Einzelne von uns ist, hängt sehr stark von den Genen ab.** Die Empathie eines Menschen stellt eine biologische, eine genetische, besondere Leistungsvoraussetzung dar. Der Umweltaspekt kommt in diesem Fall hauptsächlich dann zum Tragen, wenn es um die Frage geht, wann, wie und wo Empathie zum Einsatz kommt beziehungsweise kommen kann. Unzählige Studien von Psychologen gemeinsam mit Genetikern und vielen anderen Fachrichtungen haben das immer wieder und unmissverständlich gezeigt. Mit der Fähigkeit oder besser mit seinem individuellen Ausmaß an Empathie wird der Mensch geboren und diese Anlage ändert sich per se sein ganzes Leben lang nicht wesentlich.

Nachdem diese Tatsache schon lange als erwiesen gilt, könnte man auch schon unzählige Forschungsergebnisse anführen, die auch wirklich Gene identifiziert haben, die für Empathie verantwortlich sind. Ich möchte stellvertretend zwei erwähnen. Einerseits hat die Gruppe um Jules Panksepp von der University of Wisconsin bereits in mehreren unabhängigen Studien zeigen können, dass die Fähigkeit, Mitleid zu empfinden, bei Mäusen vererbt wird. Das Mitgefühl, unangenehmes Empfinden anderer Mäuse selbst auch als unangenehm zu empfinden, vererbt sich nach bestimmten genetischen Mauslinien (Chen Q. et al.: PLoS One. 4: e4387, 2009). Das bedeutet eigentlich, dass es weniger und höher empathische Familien gibt. Unglaublich, oder? Eine andere ganz aktuelle Studie hat etwa die enorme Kraft eines einzigen Gens für die Ausprägung von Empathie zeigen können. Das Hormon Oxytocin verstärkt die Eltern-Kind-Bindung, löst bei Müttern die Milchproduktion aus, fördert Vertrauen, Stresstoleranz, die Großzügigkeit und das Einfühlungsvermögen. Wenn es auch sicher ist, dass Empathie von vielen Genen mitbeeinflusst wird, so haben die Autoren doch zeigen können, dass verschiedene Varianten des Gens für den Oxytocin-Rezeptor, über den das Hormon seine Wirkung entfaltet, verschiedenen Menschen verschieden starke empathische Begabung vermitteln (Kogan A. et al.: Proc Natl Acad Sci U S A. 2011). Empathie ist eine so wichtige, offensichtlich stark biologische Leistungsvoraussetzung – lassen Sie es uns doch einfach ein Talent nennen.

Temperament und Persönlichkeit

Eine andere hoch individuelle Anlage des Menschen, die von signifikanter Relevanz für seine Leistungsfähigkeit ist, ist das Temperament. Unabhängig davon, ob wir es als ein Talent oder Begabung im eigentlichen Sinn bezeichnen, Sie werden mir sicher zustimmen, dass das individuelle Temperament für jeden Menschen eine besondere Leistungsvoraussetzung darstellt, die starken Einfluss darauf hat, wie er unter welchen Umständen in der Lage ist, eine Leistung (im Sinne unserer Erfolgsdiskussion) zu erbringen. Das Temperament eines Menschen trägt zu seiner Persönlichkeit bei. Wohingegen die Persönlichkeit hauptsächlich auch durch soziale Faktoren bestimmt wird, **sind es beim Tempe-**

rament im Wesentlichen genetische. Wenn das Temperament auch sehr stark biologisch bestimmt wird, so ist es doch in seinem Ausdruck oder seiner Manifestation durch Umwelteinflüsse noch zumindest modifizierbar. Das Temperament beschreibt, wie ein Mensch agiert und reagiert, also seinen Verhaltensstil. Es formt sich schon sehr früh, wahrscheinlich im Säuglingsalter, und bleibt ein Leben lang mehr oder weniger konstant. Es werden häufig neun Temperamentsfaktoren beschrieben: Aktivität, Regelmäßigkeit und Vorhersagbarkeit, Ansprechbarkeit (Reagibilität) gegenüber unbekannten Reizen, Anpassungsfähigkeit, Reizschwelle, Stimmungslage, Intensität, Ablenkbarkeit und Ausdauer (Resch F., Möhler E.: In Wink M. (Hg.): Vererbung und Milieu). Viele Gene wurden bereits identifiziert, die eine Rolle bei der Ausprägung dieser einzelnen Komponenten spielen – leider führen Veränderungen in diesen Genen nicht selten zu bestimmten Erkrankungen von Kindern.

Und noch einmal die Überlappung der Begabungen

Wir haben uns darauf geeinigt, dass für das Erreichen eines bestimmten Ziels viele besondere Leistungsvoraussetzungen gemeinsam durch harte Arbeit entdeckt und in eine besondere Leistung umgesetzt werden müssen. Wir haben nun in den letzten fünf Kapiteln diskutiert, ob es hierbei neben den so wichtigen Umweltfaktoren auch relevante genetische Aspekte gibt. Ich habe viele davon angeführt.

Nachdem wir nun aber wissen, dass Empathie und Temperament auch zwei Leistungsvoraussetzungen des Menschen sind, bei denen Genetik eine wesentliche Rolle spielt, können wir unsere Diskussion noch ein wenig erweitern. Ich habe die Meinung vertreten, dass es sich bei der Frage um Talente und ihre Umsetzung schon lange nicht mehr um eine „Nature or nurture"-Diskussion handeln kann und darf. Es ist einfach klar, dass die

Vertreter eines reinen genetischen Determinismus genauso irren würden wie Vertreter der Ansicht, alles sei allein durch „Üben, üben, üben" erreichbar. Ich denke aber auch, dass diese beiden Extrempositionen ohnedies niemand mehr ernsthaft vertritt. Ich möchte an dieser Stelle nur noch einmal anhand der auch jetzt gerade erläuterten Beispiele zusammenfassen, dass es wohl keine erreichte Leistung, keinen erzielten Erfolg eines Menschen gibt, bei dem seine genetischen Anlagen nicht auch (manchmal eben mehr und manchmal auch viel weniger) eine Rolle gespielt haben, weil etwa **Kreativität, intellektuelles Leistungsvermögen (IQ), Empathie und Temperament besondere individuelle Leistungsvoraussetzungen des Menschen (im Sinne von Begabungen) sind, die sich im Laufe eines Lebens kaum verändern, für die genetische Faktoren bekannt sind, und die für die Erreichung jeder besonderen Leistung (= Erfolg) von größter Relevanz sind.**

Ich möchte aber hier sogar noch einen Aspekt erstmals unserer Diskussion hinzufügen. Natürlich ist es unerlässlich, zu üben, üben, üben – gar keine Frage. Aber die Bereitschaft, extrinsische Motivation (im Sinne von Belohnung) anzunehmen, seine intrinsische Motivation, die Bereitschaft und Fähigkeit, hart, konzentriert und nicht abgelenkt an etwas zu arbeiten (üben, üben, üben) – all das und vieles mehr – hängen ganz wesentlich vom Temperament jedes Einzelnen ab. Und das Temperament hat auch genetische Komponenten. Ich werde diese Argumentation später noch einmal aufgreifen.

Glücklichsein

In der Glücksforschung geht es im Wesentlichen darum herauszufinden, welche Faktoren in welchem Ausmaß das subjektive Wohlbefinden jedes Individuums beeinflussen. Was man unter „Glück" versteht, ist natürlich personen- und zeitabhängig – gar keine Frage. Und ich spreche hier von Glück im Sinne von Le-

benszufriedenheit beziehungsweise Wohlbefinden (nicht vom Zufallsglück, im Lotto zu gewinnen). Vor Kurzem hatte ich Gelegenheit, mit Professor Bruno S. Frey, Wirtschaftswissenschaftler an
der Universität Zürich und einer der wohl bekanntesten Glücks-
forscher, zu sprechen. Und Sie können sich schon vorstellen, was
ich ihn gefragt habe: Gibt es ein Talent für das Glücklichsein?
Professor Frey fasst die Ergebnisse der Glücksforschung bezüglich der Frage, von welchen Einflussgrößen unser Glück abhängt,
wie folgt zusammen (Frey B. S., Frey Marti C.: Glück – Die Sicht
der Ökonomie): soziodemografische Faktoren, wirtschaftliche
Faktoren, Kontext- und Situationsfaktoren, Kultur und Religion,
politische Einflüsse und Gene.

Unter soziodemografische Einflüsse fallen Alter, Gesundheit
oder auch Familienstand. Es ist ausgesprochen interessant, dass
die Glücksforschung einen u-förmigen Zusammenhang zwischen
dem Alter und dem subjektiven Glücksempfinden gezeigt hat.
Junge Menschen sind zufriedener, weil sie davon ausgehen, dass
ihnen die Welt noch offen steht. Im Alter zwischen 30 und 50
Jahren mindert sich das Glücksempfinden, weil man feststellen
muss, dass es nicht so einfach ist zu erreichen, was man sich vor-
genommen hat. Im Alter aber, und das ist die gute Nachricht,
führen Komponenten wie Gelassenheit und Zufriedenheit wieder
zu einem signifikanten Anstieg des persönlichen Glücksempfin-
dens.

Wirtschaftliche Faktoren, die sich auf das Glücksempfinden
auswirken, sind Arbeit und Einkommen. Eine Gehaltserhöhung
steigert bei einem niedrigeren Ausgangseinkommen das Glücksempfinden viel mehr als bei höheren Einkommen. Allerdings wird
der subjektive Glückszuwachs bei beiden relativ schnell durch
den Gewöhnungseffekt wieder zunichte gemacht.

Es spielen sicher noch eine Reihe anderer Faktoren in diesem
Zusammenhang eine Rolle. So wurde etwa hinsichtlich kultureller Unterschiede festgestellt, dass in Nordamerika ein regel-
rechter Zwang besteht, glücklich zu sein, wohingegen zu sehr

„glücklich zu sein" in Frankreich eher als fehlende menschliche Tiefe angesehen wird.

Die Glücksforschung hat auch gezeigt, dass politische Einflüsse von großer Bedeutung sind. Nicht überraschend und „glücklicherweise" sind Menschen in Demokratien glücklicher als in autoritär geführten Ländern, weil individuelle Freiheit einen großen Einfluss auf das persönliche Glücksempfinden hat.

Und eine besondere Leistungsvoraussetzung für das Glücklichsein? Die Glücksforschung geht heute davon aus, dass genetische Aspekte eine sehr große Rolle dabei spielen. Menschen sind von Natur aus unterschiedlich glücklich. Es gibt ganz klar so etwas wie eine besondere Leistungsvoraussetzung, eine Begabung für das Glücklichsein. Es gibt einfach positiver eingestellte Menschen, die selbst unter widrigen Umständen mit ihrem Leben im Großen und Ganzen zufrieden sind. Und es gibt demgegenüber Menschen, die vieles (alles) viel schwerer nehmen und nur schwer glücklich sein können, weil sie von ihrem Gemüt bereits grundsätzlich und immer eher negativ eingestellt sind.

Wenn wir uns in Erinnerung rufen, was wir über die biologischen Komponenten des Temperaments gesagt haben, so fällt es uns möglicherweise leichter, genetische Leistungsvoraussetzungen, Talente für das Glücklichsein zu diskutieren. Spätestens aber, wenn wir uns auch daran erinnern, dass Empathie sowie intra- und interpersonale Intelligenzen auch unter individuellen genetischen Einflüssen stehen, muss uns eigentlich klar sein, dass Glücklichsein gleichfalls seine biologischen Voraussetzungen hat, die es aber genauso gilt zu entdecken, zu verstehen und durch harte Arbeit in „Erfolg" umzusetzen.

Der deutsche Psychiater und Direktor des Zentralinstituts für Seelische Gesundheit in Mannheim, Prof. Andreas Meyer-Lindenberg, hat im November 2011 dazu in einem Zeitungsinterview gesagt: *„Im Prinzip haben alle Eigenschaften eine erbliche Komponente. So sind etwa Augenfarbe und Körpergröße bis zu 90 Prozent erblich ... Der genetische Anteil für Musikalität liegt* *zwischen 30 und 70 Prozent, für Sportlichkeit bei 50 Prozent. Deshalb ist der Mensch aber nicht automatisch gut in diesem Bereich. Jeder muss etwas aus seinem Talent machen ... Charakterzüge wie Ängstlichkeit oder Aggressivität sind genetisch bis zu 40 Prozent bedingt. Ein Gute-Laune-Gen gibt es zwar nicht, dafür wird Optimismus mit einem Anteil von 15 bis 30 Prozent vererbt. Den Rest machen Umwelteinflüsse aus. Hier spielt die Erfahrung, die das Kind in der Familie macht, eine größere Rolle ...*" (www.bild.de/ratgeber/.../gute-laune-vererbbar-15180950.bild.html). Nicht Genetik oder Umwelt, sondern Genetik und Umwelt also – sogar beim Glücklichsein.

Natürlich hat das Glücklichsein eine enorme Auswirkung auf die Ausstrahlung, auf das Charisma eines Menschen. Obwohl wir in keiner Weise wissen, wie man Charisma wissenschaftlich erklären sollte – es fehlt an Definitionen –, ist die individuelle Ausstrahlung eines Menschen doch unumstritten starker Wind in den Segeln des Schiffes Richtung Erfolg. Der österreichische Journalist Helmut A. Gansterer schreibt in seinem Buch „Endlich alle Erfolgsgeheimnisse" über Charisma: *„Einer der seltsamsten Erfolgsfaktoren. Erstens ist er umstritten. Zweitens ... ohnedies nicht erlernbar ... Fazit: Charisma heißt im Wortstamm ‚charis = göttliche Gnade', das Suffix ‚ma = Geschenk'. Es kann nicht angestrebt werden."*

Talente entdecken und fördern

Das Talent zum Fleiß

Die Zusammenfassung aus allem in diesem Buch bisher Gesagten kann nur lauten, dass „Üben, üben, üben" allein nicht für jede Art von Erfolg garantieren kann. Jeder Mensch hat individuelle genetische Leistungsvoraussetzungen, und ich habe erläutert, dass die Biologie bei unseren körperlichen Leistungsvoraussetzungen (vom Sport bis zu unserer Stimme oder etwa dem Hören), unserer Kreativität, unseren intellektuellen Leistungsvoraussetzungen, der Empathie, dem Temperament und sogar dem Glücklichsein jedes Einzelnen ein nicht ignorierbares Wort mitzureden hat. Aber ganz klar ist auch, ohne „Üben, üben, üben" geht gar nichts. Es geht also nicht um eine „Entweder-oder"-Frage, sondern es ist uneingeschränkt und immer eine „Sowohl-als-auch"-Angelegenheit! Die Untrennbarkeit von Umwelt und Genetik äußert sich außerdem darin, dass selbst die Frage, mit welchem Einsatz, mit welcher Konsequenz und Konstanz jeder Einzelne üben, üben, üben kann, auch wesentlich von seinem Temperament abhängt. Folglich gibt es sogar für das Üben(-Können) individuelle besondere biologische Leistungsvoraussetzungen!

Talente können nicht gewertet werden

Die Autoren des „Weißbuchs Begabungs- und Exzellenzförderung" unterscheiden wie folgt: *„Begabungsförderung hat das Ziel, die Entwicklung der Potenziale von Kindern und Jugendlichen bestmöglich zu unterstützen ... Begabtenförderung ist Teil*

*der Begabungsförderung, richtet sich aber meist auf eine als über-
durchschnittlich begabt und motiviert identifizierte Gruppe von
Kindern und Jugendlichen ... Exzellenzförderung richtet ihre
Aufmerksamkeit nicht so sehr auf die Potenziale, die es zu entwickeln gilt, sondern auf die Vervollkommnung und Erweiterung
von bereits gezeigten überdurchschnittlichen Leistungen auf
einem Gebiet.*"

Das macht noch einmal klar: Talente im Sinne besonderer
Leistungsvoraussetzungen sind nicht wirklich messbar. Was wir
sehen und vergleichen können, ist das Produkt aus Genetik und
Umwelt, der Erfolg, die Leistung. Ein weiterer Schluss aus all
meinen Ausführungen ist aber auch, dass Talente nicht wertbar
sind (wären). Welches Talent einmal gebraucht werden wird,
können wir nicht wissen, weil niemand voraussagen kann, welche
Fragen in Zukunft auf uns zukommen.

Liebe Leserinnen und Leser, geben Sie mir jetzt (endlich)
recht, dass es eigentlich überhaupt nicht nachvollziehbar ist,
wenn man uns ständig glauben machen will, Plácido Domingo
und Lionel Messi hätten größeres Talent als wir oder unsere
Kinder? Was trägt eine schön gesungene Oper oder ein wun-
derschönes Tor (ohne deren Bedeutung schmälern zu wollen)
mehr zur Lösung der Fragen der Zukunft bei als das, was wir
den ganzen Tag an individuellen Leistungen erbringen? Was
tragen Domingo und Messi überhaupt zur Lösung von Problemen bei?

Daraus ergibt sich zusätzlich schlüssig, dass Individualität die
beste Antwort in der Gegenwart auf die unbekannten Fragen der
Zukunft ist. Und daraus ergibt sich auch mehr als schlüssig, dass
wir auf kein einziges Talent verzichten können. Wir können
uns das Anstreben eines Durchschnitts, selbst das Ziel, viele auf
ein gemeinsames gleich hohes Niveau zu bringen, nicht leisten,
weil die dadurch fehlende Individualität den Menschen in letzter
Konsequenz zu einer vom Aussterben bedrohten Art machen
kann.

Biologische Leistungsvoraussetzungen setzen sich nicht von allein durch

Der Reformpädagoge und Mitbegründer der „Elite"-Schule Salem Kurt Hahn sagte einmal: *„Es ist Vergewaltigung, Kinder in Meinungen hineinzuzwingen. Aber es ist Verwahrlosung, ihnen nicht zu Erlebnissen zu verhelfen, durch die sie ihrer verborgenen Kräfte gewahr werden können."* Denn ob wir es wahrhaben wollen oder nicht, die verborgenen Kräfte, die besonderen individuellen Leistungsvoraussetzungen setzen sich nicht von allein und automatisch durch.

Immer wieder hört man in diesem Zusammenhang: Ein wirklich großes Talent bemerkt man schon irgendwie. Was soll das sein, ein „großes" Talent? Es geht um individuelle Talente. Und wie bemerkt man so etwas zufällig? Jemand, der die körperlichen Voraussetzungen für den Laufsport hat, wird schon irgendwie zum Laufen kommen? Was aber, wenn Sport in dem Land, in der Stadt, in der Schule, in der Familie des Talents keinerlei Stellenwert hat (haben kann)? Eine große Stimme setzt sich durch? Weil uns ja schließlich alle großen Talente unter der Dusche schon irgendwie auffallen und es ja keine Eltern gibt, die nicht total begeistert sind, wenn die Tochter sagt, sie will einmal ein Popstar werden? Und wie setzen sich die Talente in den bildungsfernen Schichten von allein durch?

„Ein Talent hat jeder Mensch, nur gehört zumeist das Licht der Bildung dazu, um es aufzufinden", hat Peter Rosegger einmal gesagt. Die bildungsfernen Schichten müssen zur Bildung geführt werden – kompromisslos! Nicht, um den Durchschnitt zu heben. Sondern weil wir es uns nicht leisten können, auf diesen unglaublichen Schatz an individuellen Talenten zu verzichten!

Das Alter des Talents?

Wer Kinder hat, kann sich sicher noch daran erinnern, dass man ständig vergleicht, auch weil man dazu angehalten wird. Beim Kinderarzt hat das ja durchaus nachvollziehbar Sinn und ist von großer Bedeutung. Hier geht es um die Gesundheit der nächsten Generation. Obwohl ich mich schon dort das eine oder andere Mal gefragt habe, wie wichtig es jetzt wirklich ist, dass das Kind im Normbereich liegt bezüglich etwa der Körpergröße. Aber spätestens wenn man mit anderen Kindern in Kontakt kommt, beginnt das Rennen „Liegt mein Kind hoffentlich wirklich überall schön im Durchschnitt, im Normbereich!" Wer meiner Argumentation in diesem Buch folgt, weiß aber jetzt, dass wir uns nicht auf die Suche machen sollten nach dem, was unsere Kinder genauso machen wie alle anderen, wie der Durchschnitt. Das Rennen muss unter dem Titel stehen: „Was macht mein Kind anders als die anderen?" Wo ist es besonders individuell? Ganz und gar nicht im Sinne von „besser oder schlechter", sondern im Sinne „anders ist besser". Allen Eltern, die bei ihrem Kind glauben, etwas entdeckt zu haben, was ihr Kind schlechter kann als andere, möchte ich zurufen, „anders" ist nicht unbedingt schlechter. Und all jenen Eltern, die meinen, eine besondere Begabung zu finden ist nicht unbedingt von Vorteil für das Kind, muss unbedingt Mut zum Anderssein gemacht werden. Das begabte Kind könnte ja ausgeschlossen werden, es könnte sich anders fühlen … Wenn alle als individuelle Wesen gesehen werden, dann sind alle anders, und Anderssein ist dann die Norm – Anderssein ist dann der ganze Stolz – von Eltern und Kindern gleichermaßen. Hoffentlich zieht dieser Stolz bald wieder in die Häuser unserer Familien, in unsere Schulen und in die Köpfe der Politik ein.

Die Entdeckung von Talenten gelingt nicht in irgendeinem Alter besser als in einem anderen. Dafür gibt es wissenschaftlich keinerlei Belege. Es hat aber natürlich sehr viel Sinn, sich schon bei den Kleinen und Kleinsten auf die Suche zu begeben. Auch wenn der Spruch „Was Hänschen nicht lernt, lernt Hans nimmermehr!" im eigentlichen Sinn nicht wirklich stimmt: Ein früh entdecktes Talent hat die Chance, genügend Zeit zu haben zu üben, üben, üben, um daraus eine Spitzenleistung zu machen. Bei körperlichen Anlagen ist die Kraft der Jugend außerdem einfach ein unverzichtbarer Bestandteil eines sinnvollen Talentförderprogrammes. Umso eher man beginnt, sich auf die Suche nach dem „Anderen", dem „Besonderen" zu machen, umso mehr Chancen hat man, so etwas auch zu finden. Aber all das schließt in keiner Weise aus, dass besondere Leistungsvoraussetzungen, besondere Begabungen nicht auch noch im höheren Alter entdeckt und schließlich auch zu einer besonderen Leistung umgesetzt werden können. Auch hier gilt aber unbedingt: Lebenslanges Lernen bitte nicht, um den Durchschnitt zu heben, sondern auf der Suche nach Talenten, eben einfach nach älteren Peaks und Freaks.

Gentests

„Intelligence quotient (IQ), emotional quotient (EQ), athletic abilities, character, environmental sensitivity and artistic creativity" sind Eigenschaften und Merkmale, die Firmen wie beispielsweise mygeneprofile durch Gentests an Kindern untersuchen. Es wird angeboten, an eingeschickten Speichelproben einen sogenannten „Inborn Talent Genetic Test" durchführen zu lassen und dabei Gene mit so schillernden Namen wie „optimistic gene, risk taking gene, sociable gene, shyness gene, creative gene, analytical thinking gene, memory gene, intelligence gene, enthusiasm gene, musical gene, drawing gene, linguistic gene, sport gene etc." bei den Kindern zu untersuchen. Am Ende erhält man ein individuelles genetisches Talent-Profil für das Kind. Wir haben in diesem Buch gelernt, mit solchen Angeboten umzugehen. Wir wissen jetzt, dass jeder Mensch praktisch die gleichen Gene aufweist (Mann/Frau-Unterschied). Jeder Mensch verfügt über jedes Gen (sogar zweimal), aber jeder hat seine individuellen Varianten davon. Für keine der oben angesprochenen Talente, Begabungen gibt es das eine entscheidende Gen. Viele verschiedene Gene, ihre entsprechenden Interaktionen und ihre epigenetischen Regulationen spielen bei der Ausprägung komplexer Merkmale des Menschen eine Rolle. Und dann kommt noch der so enorm große Einfluss der Umwelt dazu!

Warum aber nicht sein Kind genetisch untersuchen lassen, wenn man sich auf die Suche nach (noch) verborgenen Talenten machen möchte? Nicht, weil diese Tests nicht richtig durchgeführt werden. Aber, weil diese genetischen Tests keinerlei Sicherheiten geben – ja nicht einmal besonders hohe Wahrscheinlichkeiten. Entsprechende Varianten der untersuchten Gene zu tragen bedeutet in keiner Weise, notwendigerweise auch wirklich diese komplexen Anlagen zu haben. Für viele dieser Gene gibt es nicht einmal einen biologischen Hintergrund für einen entsprechenden Zusammenhang. Es handelt sich oft ausschließlich um statistische Zusammenhänge. Sollte eine Studie ergeben, dass ein statistisch signifikanter Zusammenhang zwischen blauen Augen und „Verheiratet-zu-Sein" besteht, so käme doch auch niemand auf die Idee, den Eltern eines blauäugigen Kindes zu sagen: „Ihr Kind wird einmal heiraten!" Ich weiß, das ist ein wirklich vereinfachtes Beispiel. Es soll ja auch nur klarmachen, dass die postulierten Zusammenhänge eigentlich sehr oft nicht mehr können als die Glaskugel einer Wahrsagerin. (Und ich möchte auch nicht so interpretiert werden, dass mein Beispiel meinen könnte, dass man, um zu heiraten, blauäugig im übertragenen Sinn sein muss).

Die eingeschränkte Aussagekraft ist auch einer der Gründe, warum die Bioethikkommission des österreichischen Bundeskanzlers, deren stellvertretender Vorsitzender ich sein darf, zu erhöhter Vorsicht beim Umgang mit Gentests aller Art aus dem Internet rät (www.bka.gv.at/DocView.axd?CobId=40383). Außerdem können solche Gentests auch sehr ernste, ethisch nicht akzeptable Konsequenzen haben. Stellen wir uns einen Sportklub vor, der dem Kind die Aufnahme verweigert, weil solch ein Gentest ihm keine „genetische" Sportlichkeit attestiert. Stellen wir uns eine Musikschule vor, die vor Aufnahme auf einen Gentest der „musical genes" besteht. Stellen wir uns Eltern vor, die meinen, nicht in die Ausbildung ihres Sohnes investieren zu wollen, weil ja die entsprechende „genetische Prognose" alles andere als erfreulich ist. Das muss unbedingt verhindert werden. Das hat in unserer Diskussion keinen Platz. Besondere Leistungsvoraussetzungen können nur durch harte Arbeit in eine besondere Leistung umgesetzt werden. Das heißt aber auch umgekehrt, dass jeder das Recht haben muss, vielleicht nicht so ideale Leistungsvoraussetzungen (was auch immer das sein könnte und durch solche Gentests wäre es sicher nicht bestimmbar) durch besonders harte Arbeit, durch besondere Begeisterung und durch andere Begabungen zu kompensieren. Wir müssen auf unsere Gene auch pfeifen (dürfen)! Ich komme gleich dazu.

Stärken stärken und ein Auge zudrücken

Wie findet man aber dann die Talente seiner Kinder? Oder seine eigenen? Das Spektrum des Angebots muss offen sein, es muss groß sein, es muss niederschwellig zugänglich sein und es muss gefördert werden, es zu nutzen. Ausprobieren, neugierig sein, Individualität nicht fürchten, sondern suchen. Umso mehr man ausprobiert, desto größer ist die Chance, „das Seine" zu entdecken. Wachsam bleiben – das gilt für uns alle. *„Die wichtigste Aufgabe der Erziehung besteht darin, ein Umfeld zu schaffen, das bei Schülern Glückserlebnisse auslöst, wenn sie ihre Talente ausüben – zu ihrem eigenen Nutzen und dem der Gesellschaft"*, schreibt der Mitbegründer der Sir-Karl-Popper-Schule, Berater und Bestsellerautor, Dr. Andreas Salcher in seinem Buch „Der talentierte Schüler und seine Feinde".

Nehmen wir einmal an, ein Kind, das gar nichts gelernt hat, weil es nur am Fußballplatz oder vor dem Computer war, kommt mit vier sehr schlechten und einer ausgezeichneten Note nach Hause: Was sagen mittlerweile die Eltern, die Lehrer, die Politik zu so einem Kind? Ich fürchte, sie sagen: „Da, wo Du die ausgezeichnete Note hast, da lernst Du jetzt gar nichts mehr – da bist du ja schon so gut wie durch! Aber in den Fächern, in denen Du die schlechten Noten hast, da wirst Du ab sofort Nachhilfe bekommen, lernen und üben, Tag und Nacht, damit Du möglichst schnell in diesen Fächern wieder ... Durchschnitt ... bist!"

Wir haben es nicht verhindert, dass sich ein super effizientes System durchgesetzt hat, seinem Gegenüber zu sagen, was es nicht kann, um ihm anschließend zu sagen, dass es sich ab sofort nur mehr damit beschäftigen soll, was es nicht kann! Das führt dann dazu, dass dieses Kind in seinen schlechten Fächern Durchschnitt wird und das Fach, in dem es die ausgezeichnete Note hatte, vernachlässigt und dadurch auch dort Durchschnitt wird. Ein durchschnittliches, unauffälliges, angepasstes Kind – oh, welch ein Freude für uns alle! Ein rein defizitorientiertes System ist talentfeindlich und führt uns mit Vollgas in die Sackgasse des Durchschnitts. Wie viele Abteilungsleiter, Firmenbosse, Vorgesetzte aller Art haben in ihren Schubladen Leitlinien zum Aufdecken von Fehlern bei ihren Mitarbeitern? Das Entdecken von Fehlern, das Aufzeigen von Fehlern, das Stigmatisieren von Fehlern, das Bekämpfen von Fehlern, das Umgehen mit Fehlern, all das ist zu einer eigenen Profession geworden, ja scheint die Welle zu sein, auf der so manche in Richtung Erfolg reiten wollen. Es muss uns klar sein, dass dadurch noch keinerlei Innovation entsteht. So wichtig es etwa bei der Qualitätssicherung ist, es ist nur das Verwalten des Bestehenden. Wie viele Vorgesetzte haben Leitlinien in ihren Schubladen, nach denen sie sich auf die Suche nach besonderen Leistungen, nach neuen Ideen ihrer Mitarbeiter machen können? Existieren solche Leitlinien überhaupt? Haben wir überhaupt genügend dafür getan, dass Eltern, Lehrer oder

Vorgesetzte über das Werkzeug und die Ausbildung verfügen, Talente zu erkennen, wenn sie vor ihnen stehen? Dort muss angesetzt werden. Dort liegt die Chance.

Ich träume davon, dass die Eltern den Schüler mit den vier schlechten und der einen ausgezeichneten Note fragen: „Du hast überhaupt nichts gelernt, Du warst nur auf dem Fußballplatz, wie kannst Du eine so ausgezeichnete Note machen?" Der Schüler könnte darauf (ähnlich der Hydra und dem Birkenspanner am Anfang dieses Buches) antworten: „Ich weiß es auch nicht. So etwas hat man, oder man hat es nicht." Egal wie weit wir jetzt biologische oder Umweltfaktoren in jedem Beispiel, in jedem Fach einzeln anführen und diskutieren müssten, ich würde mir wünschen, dass die Eltern sofort darauf sagen würden: „Ich glaube, unser Sohn hat ein Talent!" (Da würde ich dann auch in Kauf nehmen, wenn der Vater oder die Mutter etwas voreilig und überheblich behaupten würde: „Ich glaube, das hat er von mir!") Ich würde mir aber auf jeden Fall wünschen, dass diese Eltern ihrem Sohn erklären, dass er natürlich auch in den Fächern mit den schlechten Noten nun mehr lernen muss. Gewisse Grundstandards müssen zweifellos erreicht werden. Vielleicht aber nicht mehr als notwendig. Vielleicht muss er sich in diesen Fächern ja nicht im Durchschnitt einreihen ... Wo er sich aber auf keinen Fall je wieder im Durchschnitt einreihen sollte, ist das Schulfach mit der ausgezeichneten Note. Dort müssen Eltern, Lehrer, Politiker und der Schüler selbst das Ziel haben, dass der junge Mensch ein „Peak" und Freak" wird. Und darauf stolz ist ... selbst wenn er mit einer schlechten Note in einem anderen Fach in die nächste Klasse kommt.

Es war einmal ... es war einmal eine Zeit, in der Lehrer noch im Einzelfall ein Auge zudrücken konnten, um einem Schüler nicht durch unendliche Bemühungen, in seinem schlechtesten Fach Durchschnitt zu werden, seinen eben individuellen Werdegang mit seinen anderen Begabungen zu versperren. Vielleicht ist es aber auch nur ein Märchen ...

Der Wert des Können-Könnens

Die Ergebnisse der europäischen Wertestudie von 1990 bis 2008 haben bei den Umfrageergebnissen betreffend die Thematik Erziehungsziele alarmierende Entwicklungen aufgezeigt. Man wollte mittels dieser Umfrage herausfinden, welche Erziehungsziele bei Kindern die Menschen für wichtig halten. Was also muss man einem Kind durch Erziehung beibringen beziehungsweise was muss man fördern? Die Ergebnisse für Österreich, die aber durchaus in ganz Europa ähnlich aussehen, zeigen, dass über diesen Zeitraum etwa die Wichtigkeit des Wertes „gute Manieren" gleich geblieben ist. Deutlich abgenommen haben im Zeitraum von 1990 bis 2008 bei den Befragten allerdings die Bedeutung von „Unabhängigkeit", „Fantasie", „Kreativität" und „Individualität": *„Kreativität, Unabhängigkeit und Individualität scheinen den Österreicherinnen als Gegengewicht zu alten Pflicht- und Gehorsamswerten offenbar nicht ausreichend. Sie werden teilweise sogar skeptisch betrachtet: Der Satz, ‚Die viele Freiheit, die junge Menschen heute haben, ist sicher nicht gut', findet 2008 mit 51 Prozent deutlich mehr Zustimmung als noch 1993 (43 %)"*, schreiben dazu die Autoren des Buches „Die Österreicher/-innen. Wertewandel 1990–2008".

Etwas später ist in dem oben genannten Buch allerdings noch etwas Wichtigeres zu lesen. Dort heißt es, je höher das Bildungsniveau der Eltern ist, umso mehr Wert wird auf Individualität gelegt und desto weniger auf Leistungs- und Anpassungsnormen. Das beweist, dass Bildung der Schlüssel auch zu dem ist, was ich als das Wichtigste in meinem Konzept einstufe: Individualität.

Der Mensch ist individuell, weil er biologisch individuell ist. Und er ist individuell, wenn seine Umwelt möglichst individuell ist. Individualität muss man zulassen. Es muss uns Hoffnung geben, dass der aktuelle Trend weg von Kreativität, Individualität und Fantasie umzukehren ist. Der Schalter, der betätigt werden muss, muss offensichtlich lediglich auf Bildung fokussieren.

Ein Wert, den ich für äußerst wichtig und unersetzlich halte, wurde in dieser Wertestudie allerdings nicht abgefragt: der Wert des Können-Könnens. Ich halte es für äußerst erstrebenswert, um nicht zu sagen für existenziell, dass mehr Menschen etwas, vielleicht auch nur eine Sache, wirklich gut können. Der aktuelle Trend zu den durchschnittlichen Allround-Könnern widerspricht bis zu einem gewissen Grad der individuellen Natur des Menschen und führt auf keinen Fall (oder nur äußerst selten) zu Spitzenleistungen, die wir aber für die Beantwortung der Fragen der Zukunft so dringend brauchen werden. Nicht, dass man nicht auch eine breite Basis benötigt. Aber unser Ziel muss sein, immer mehr aus der Basis in individuelle Spitzen zu führen.

Belohnung: Intrinsisch und extrinsisch

„Beginnt ein ausübender Künstler jedoch abzuwägen, wohin es mit ihm gehen wird, ob es sinnvoll sei, was er tue, objektiviert er sein Schaffen – als Maler, Dichter, Komponist, Instrumentalist oder eben als Opernsänger –, dann entspricht sein Wirken nicht mehr einem inneren Imperativ; wenn die Berufung zum Beruf wird, müssten viele Künstler überlegen, ob sie weitermachen sollten", schreibt Ioan Holender in seinem Buch „Ich bin noch nicht fertig".

Es sind ja eigentlich zwei Probleme, die gelöst werden müssen. Einerseits müssen wir so viele individuelle Talente, Leistungsvoraussetzungen wie nur irgend möglich entdecken. Und ich habe bereits gesagt, hier muss Forschung und Lehre gleichermaßen betrieben werden. Darauf sollten wir in den kommenden Jahren den Schwerpunkt legen. Forschung, um herauszufinden, was uns treffsicherer machen könnte bei der Entdeckung von Begabungen. Und Lehre, weil das Werkzeug, Talente zu entdecken (und es gibt schließlich so viele und so viele individuelle, wie es Menschen gibt), unbedingt weitergegeben werden muss an die kommenden Generationen an Lehrern, Eltern, Vorgesetzten etc.

Das zweite Problem ist aber, damit dies zum Erfolg im Sinne besonderer Leistungen führt, müssen die Träger von bestimmten Leistungsvoraussetzungen (also gewissermaßen wir alle) wieder motiviert sein oder werden, besonders hart zu arbeiten (zu üben, üben, üben). Es ist die extrinsische Motivation, die man hierbei im Auge haben kann und muss – extrinsische Motivation, wie etwa auch durch materielle Belohnung besonderer Leistungen. Ganz im Sinne des oben Angesprochenen kann es nicht unser Ziel sein, Defizite aufzuzeigen und sie durch Bestrafung zu bekämpfen. Das durch Belohnung zu fördern, was gut läuft, unter Einhaltung allgemein zu erreichender Grundstandards auch in den anderen Bereichen, ist das Erfolgskonzept. Man muss daran erinnern, dass wissenschaftliche Untersuchungen schon länger zeigen, dass Noten eigentlich nicht objektiv die Leistungen eines Schülers wiedergeben können. Aber was ist schon objektiv? Für unsere Diskussion wichtiger ist allerdings, dass man die Frage stellen kann oder muss, ob Schulnoten ein geeignetes Instrument für die Entdeckung besonderer Leistungsvoraussetzungen sind. Auf jeden Fall soll die belohnungsorientierte Förderung der Perfektionierung individueller Begabungen auf die Individualität seines Schülers, seines Mitarbeiters unbedingt Rücksicht nehmen. *„Denn wir können die Kinder nach unserem Sinne nicht formen; so wie Gott sie uns gab, so muss man sie haben und lieben, sie erziehen aufs Beste und jeglichen lassen gewähren. Denn der eine hat die, die andern andere Gaben"* (Johann Wolfgang von Goethe).

Wirklich erfolgreich wird aber das Umsetzen besonderer individueller Leistungsvoraussetzungen nur dann sein, wenn deren Träger das selbst unbedingt will. Das Leistungsziel ist vielleicht die Schulnote, aber das Lernziel muss das Verstehen einer Sache sein. Für uns selbst, genauso wie für unsere Kinder, unsere Schüler, unsere Mitarbeiter, sollte das unbedingte Ziel sein, bei der Ausübung einer Sache in einen Flow-Zustand zu gelangen. Der Flow-Zustand beschreibt gewissermaßen, dass man sich in einer Aufgabe dann komplett vergisst. Der schönste und effizienteste Weg dorthin, hin zu seinem seinen individuellen Begabungen entsprechenden Flow-Zustand, ist, sich selbst zu belohnen. Und ich meine jetzt nicht, sich danach ein schönes Paar Schuhe zu kaufen. Das erfolgreiche Bewältigen einer Aufgabe, das Lösen eines Problems ist per se die größtmögliche Belohnung, die es gibt. Und der Weg dorthin ist die intrinsische Motivation. Beim Wissenschaftler habe ich davon gesprochen: Man beschäftigt sich mit einer Frage einfach nur, weil man die Antwort wissen will. Das Ziel ist Sinnerfüllung, Perfektion und Selbstbestimmtheit. Das sind die größten Belohnungen, die dem Menschen zuteilwerden können.

Es muss wieder „in", „cool", „erstrebenswert" werden, anders zu sein und hart und viel an der Perfektionierung einer Sache zu arbeiten. Dadurch kann ein kumulativer Flow-Zustand in unserer Gesellschaft entstehen, der uns zukunftsfähig macht.

Vertrauen ist nicht teuer

Wenn ich zehn Naturwissenschaftler oder etwa zehn Musiker vor mir habe, alle zu jung und noch zu unerfahren, um schon die Leistung bringen zu können, die den vielleicht bei Ihnen vorhandenen Leistungsvoraussetzungen entsprechen würde – wen soll ich fördern? Es gibt grundsätzlich zwei Ansätze. Der eine viel zu häufig vorzufindende Ansatz: Ich fördere sicherheitshalber keinen. Schließlich kann es ja sein, dass es nur ein Einziger wirklich zum heiß ersehnten Erfolg, zur Spitzenleistung bringt. Und was, wenn es keiner schafft? All das kostet zu viel Geld in Relation zum erzielten Resultat? Gerade bei Wissenschaftlern führte diese Einstellung noch vor kurzer Zeit sehr häufig dazu, dass sie ins Ausland gegangen sind, wo ihre Unterstützung vielleicht besser war. Dort, wie etwa in den USA, galt einmal die Regel, man sollte am besten zumindest am Anfang viele fördern. Natürlich muss man schnell feststellen, wer davon bereit ist, viel dafür zu geben. Selbstverständlich braucht es klare fachspezifische Bewertungen der Leistungsvoraussetzungen und der Bereitschaft, wirklich alles dafür zu tun. Das ist überall so. Der Unterschied bei diesem zweiten Ansatz ist eigentlich nur der Beginn. Hier hört man aber oft das Argument, dass man es sich nicht leisten kann, mit vielen, mit allen zu starten. Das sei zu teuer.

Ich glaube, es wird uns viel teurer zu stehen kommen, wenn wir durch diese Vorgehensweise eine Vielzahl von Talenten verlieren, die einfach nie die Chance erhalten haben, sich zu beweisen, sich selbst zu überprüfen. Bei aller intrinsischen Motivation: Ein Pianist braucht ein Klavier und ein Molekularbiologe ein Labor. Vielleicht nicht gleich morgen, aber mit Sicherheit übermorgen würden wir den dann viel höheren Preis der Verschwendung beziehungsweise Nichtentdeckung unserer Talente bezahlen.

Die Motivation, aus der Reihe zu tanzen

Der eben gefährliche Durchschnitt

Das Streben nach dem bequemen Durchschnitt, das Kategorisieren und das ewige Vergleichen großer Vergleichsgruppen muss bereits im Kindergarten, in der Schule, an den Universitäten, in der Wirtschaft, in allen Berufszweigen bekämpft werden. Eine Jugend, die sich vor dem Anderssein und vor harter Arbeit fürchtet, wird wenige Antworten auf die Fragen der Zukunft entwickeln können. Hat sich diese Angst einmal beim Kleinstkind festgesetzt, ist es sehr schwer, sie wieder loszuwerden. Unsere Kinder haben diese Angst sicher nicht in ihren Genen! Wir als Gesellschaft haben vielleicht versagt, indem wir ihnen Anpassung, Mitläufertum, ja den Durchschnitt viel zu oft vorgelebt haben. Es sind nicht unsere Gene, es sind unsere Meme, die unseren Kindern die Verherrlichung des Einer-von-vielen-zu-Sein in die Wiege gelegt haben. Ein bequemes Leben, ein ruhiges Leben, ein unauffälliges Leben ist doch auch für den Einzelnen nicht wirklich erfüllend, so es da nicht noch mehr gibt. Aber Eltern, Schulen, Betriebe lieben viel zu oft unauffällige Kinder, Schüler, Mitarbeiter. So wenig es für den Einzelnen doch eigentlich erstrebenswert sein kann, so gefährlich ist es für uns alle, weil es keine Spitzenleistungen fördert oder fordert und daher keine Antworten für die Zukunft parat hält.

Der österreichische Physiker von Weltruf Prof. Anton Zeilinger hat einmal bei einem gemeinsamen Kongress, wo es auch um Zukunftsfragen gegangen ist, zu mir gesagt: *„Die bestbezahlte Berufsgruppe eines Landes sollten seine Pädagogen sein."* Und er hat recht. Eltern und Lehrer, schon ab dem Kindergarten, müssen den nächsten Generationen die Angst vor dem Anderssein und davor, durch vollen Einsatz Perfektionierung in einer bestimmten Sache zu erzielen, nehmen. Sie müssen (neben anderen) außerdem ihren Beitrag dazu leisten, das Werkzeug zur erforschen, das wir brauchen werden, um in Zukunft wieder viel treffsicherer besondere Leistungsvoraussetzungen zu entdecken und ihren Trägern zu ermöglichen, sie durch harte Arbeit in eine besondere Leistung umzusetzen. Sie müssen ihren Schützlingen zeigen, wie sie sich intrinsisch motiviert zu einem Flow-Zustand vorarbeiten können. Ich weiß, das ist nicht einfach. Aber wir haben keine Alternative. Und die Pädagogen sind unsere effektivste Waffe gegen den Durchschnitt, sie sind der kräftigste Hebel, den wir für Veränderungen einsetzen können.

„Verpflichtender Kindergarten", „verpflichtende Sprachkompetenz", „Gesamtschule", „Zentralmatura", „Zugangsbeschränkungen an den Universitäten", „effizienteres und zugleich billigeres Studium", „bildungsferne Schichten zur Bildung führen" oder „lebenslanges Lernen" sind alles immer wieder polarisiert zur Diskussion stehende Werkzeuge. Sie sollten uns alle recht sein, wenn sie zu einer höheren Treffsicherheit bei der Entdeckung individueller Leistungsvoraussetzungen und einer effizienteren Förderung der Umsetzung dieser Begabungen durch harte Arbeit in individuelle Leistungen führen. Wenn sie das nicht leisten können, sollten wir sie alle von den nächsten Generationen, dem einzigen Kapital für unsere Zukunft, fernhalten. Das eine wird das können, das andere nicht.

Flexibilität als höchstes Ziel

Unter konvergentem Denken versteht man, sich schlussfolgernd, planmäßig, linear und Schritt für Schritt nach bekannten, gewohnten Vorgehensmustern an die Lösung heranzuarbeiten. Das ist brav und oft auch zielführend. Demgegenüber folgt kreatives Denken einem divergenten Ansatz, bei dem man sich der Lösung eines Problems ohne Muster, assoziativ, auch mit Emotionen und ungewöhnlichen Einfällen nähert. Dieses ist es, was wir mehr denn je fördern müssen. Jene Art des Herangehens, des Denkens muss gelernt und gelehrt werden. Wir müssen den nächsten Generationen unseren Weg zeigen, damit sie eine Basis haben, und wir müssen ihnen die Scheu davor nehmen, ihn zu verlassen, um Neues, noch nie Dagewesenes kreieren zu können. Es muss für uns alle klar sein, dass Innovationen im Sinne des „Schnelleren", „Größeren", „Billigeren" von bereits Bekanntem als Gepäck auf der Reise in die Zukunft nicht ausreichen werden. Es müssen schon Entwicklungen im Sinne des „Neuen" her.

Ausprobieren scheint immer noch ein sehr sinnvolles und auch vielversprechendes Instrument für die Entdeckung seiner Talente und der Begabungen anderer zu sein. Das Spektrum der Möglichkeiten dafür muss groß sein, sehr groß. Dessen sind wir uns alle bewusst. Aber es wird mehr vonnöten sein. Das Ausprobierte muss sofort danach infrage gestellt werden (dürfen). Fragende, zweifelnde, suchende Individualisten, ganz wie das Gesicht auf dem Cover dieses Buches, sind unsere einzige Chance für morgen. Den Kindern, den Mitarbeitern, sich selbst muss Mut gemacht werden, den alten Weg zu verlassen, denn nur wer bereit ist, das zu tun, kann einen neuen Weg gehen.

Auf die Gene pfeifen – Begabung ist nicht gleich Interesse

Zum Abschluss möchte ich all das Gesagte noch an einem Beispiel erläutern, das ohnedies nur ich verwenden darf, weil ich sein größter Fan bin: Herbert Grönemeyer. Sollten wir uns aber einmal, nach allem was wir in diesem Buch besprochen haben, die Frage stellen, ob Herbert Grönemeyer die „idealen" biologischen

Leistungsvoraussetzungen für die Ausübung seines Berufes hat, könnte man auf den ersten Blick ins Zweifeln kommen. Stellen wir ihn uns einmal vor der Jury von „Deutschland sucht den Superstar", „Starmania" oder ähnlicher „Talentshows" vor. Sein Aussehen – würde ihn das automatisch als Fixstarter für die nächste Runde qualifizieren? Seine Stimme (die, wie das Aussehen, auch sehr stark biologisch mitbestimmt ist, wie wir wissen) – würde ihn die bedenkenlos in die nächste Runde katapultieren? Oder sein Tanz? Vielleicht wäre er beim Reproduzieren von Liedern anderer wirklich von anderen Kandidaten zu schlagen. Aber! Aber! Wenn es in unserer Pfütze zu warm wird (Sie erinnern sich an die Hydra), dann ziehen wir uns den Pullover aus. Und wenn wir schwarze Flügel hätten, würden wir dann auf eine helle Birke fliegen (Sie erinnern sich an den Birkenspanner)? Wir können auf unsere genetischen Grundvoraussetzungen pfeifen. Vielleicht nicht immer, vielleicht nicht immer ganz (wir haben natürlich auch biologische Grenzen, das haben wir besprochen). Einerseits wissen wir, dass der Erfolg, die besondere Leistung nur durch das Zusammenspiel besonderer Leistungsvoraussetzungen und der Umwelt in Form von harter Arbeit, sie zu entdecken und umzusetzen, zustande kommt. Vieles, sehr vieles kann durch Enthusiasmus, intrinsische Motivation oder Fleiß wettgemacht werden. Und andererseits? Vielleicht müssen wir auf bestimmte biologische eventuell nicht so ausgeprägte Leistungsvoraussetzungen pfeifen, um andere Leistungsvoraussetzungen erst überhaupt entdecken zu können. Hätte Grönemeyer je von seiner enormen Kreativität und seinem hohen intellektuellen Leistungsvermögen, Lieder zu schreiben, erfahren, wenn er sich durch Kritik an seinem Aussehen oder an seiner Stimme davon hätte abhalten lassen, das zu machen, worin er meiner Meinung nach der Allerbeste ist?

Es ist mit Sicherheit auch nicht selten von Vorteil, bestimmte vielleicht nicht so stark vorhandene Leistungsvoraussetzungen zu ignorieren, um andere große Begabungen bei einem selbst oder bei seinen Kindern entdecken zu können.

Heute singen viele Kandidaten bei Talent- und Castingshows Grönemeyers Lieder. Vielleicht sogar mit einer etwas klareren Stimme, vielleicht sind sie dabei sogar hübscher. Aber ich fürchte, wir müssen ihnen sagen, dass die Reproduktion des bereits Bekannten in ihrem Wert in keiner Weise vergleichbar ist mit dem kreativen schöpferischen Schaffen von etwas Neuem. Grönemeyer macht nicht eine Musik, er macht seine Musik.

Und wir müssen ergänzen, dass jeder Mensch ohnedies auch das Recht hat, seine ihm attestierten besonderen Leistungsvoraussetzungen zu ignorieren, um das zu tun, was ihm mehr Spaß macht – unabhängig von seinen Begabungen dafür. Erfolgreicher wird er bei Letzterem sein.

Der Wert der Vernetzung

Menschen mit besonderen Begabungen in der einen Sache sind oft bei anderen Dingen hilflos. Vielleicht hätten sie ja im Sinne der Theorie der allgemeinen Intelligenz auch dort Leistungsvoraussetzungen. Vielleicht sind sie aber wirklich Träger isolierterer Talente. Aber weil sie (hoffentlich) ständig an ihrem Flow-Zustand bei der Perfektionierung des einen arbeiten, fehlt ihnen ohnedies die Zeit und Erfahrung bei anderen Dingen. Kreative Talente haben etwa Ideen, aber organisatorische Talente machen sie oft erst zum sichtbaren Erfolg. Niemand baut heute ein Haus mehr allein.

Wenn wir den Karren der Zukunft aus dem Dreck ziehen wollen, könnten wir das Talent von Plácido Domingo als dickes Seil davorspannen und anziehen. Das klappt ja sehr gut. Ich gebe nur zu bedenken, hätte Plácido Domingo als Kind eine schwere organische Schädigung seines Stimmorgans (etwa seiner Stimmbänder) erleben müssen, hätten wir vielleicht nie von ihm gehört. Das Seil wäre gerissen. Natürlich kann Lionel Messi sein unglaubliches Ballgefühl als dickes Seil vor den Karren der Zukunft spannen und wird damit Erfolg haben. Eine schwere Beinverletzung als Knabe hätte aber auch in seinem Fall dazu führen können, dass das Seil reißt und dass er nicht die Titelseiten aller Sportmagazine geschmückt hätte. Die Beispiele hinken aus vielen Gründen – ich weiß. Einerseits sind ja die Talente dieser beiden Superstars prinzipiell nicht höher einzustufen als die jedes Individuums, da wir die Fragen nicht kennen, die wir in Zukunft zu beantworten haben werden. Vielleicht sogar niedriger. Andererseits hat jeder dieser beiden Herren viele tolle Begabungen und eben nicht nur eine. Wir haben ja schließlich auch gesagt, dass eine einzige individuelle Leistungsvoraussetzung für Erfolg nicht reicht.

Ich habe dieses Beispiel mit dem Seil vor dem Karren der Zukunft aber am Ende des Buches aus einem ganz anderen Grund angeführt. Jeder von uns, unsere Kinder, unsere Schüler, unsere Mitarbeiter verfügen über individuelle besondere Begabungen. Einmal spielen dabei Gene eine größere Rolle, einmal eine geringere. Werten kann man sie nicht – kein Talent ist mehr wert als das andere. Um in Zukunft erfolgreich zu sein, müssen wir nur sicherstellen, dass jeder seine Begabungen entdecken und beitragen kann. Wir dröseln aus all unseren gleich dünnen Schnüren an Begabungen durch Teamwork, durch Vernetzung, durch Interaktionen aller Art ein dickes Seil. Dieses Seil, bestehend aus all unseren Talenten, die wir im Familienverband, in unserer Firma, in unserem Ort, in welcher Gemeinschaft auch immer finden und zusammendröseln können, ist immer unvergleichbar dicker und daher stabiler als das Einzelner. Und sollte einmal eine dünne Schnur reißen, weil der Träger der Begabungen krank geworden ist, nicht mehr beitragen kann oder vorübergehend einfach nicht beitragen will, reißt unser Seil nicht. Wir werden den Karren der Zukunft aus dem Dreck ziehen, vorausgesetzt, es sind immer genügend viele verschiedene Talente an unserem Seil beteiligt (immer genügend verschiedene Hydren in unserer Pfütze) und gerade schwer am Arbeiten. Das Wichtigste, was wir aufbringen müssen, um die Fragen der Zukunft zu beantworten, wenn sie dann einmal Gegenwart geworden sind, ist Mut! „*Nicht weil es schwer ist, wagen wir es nicht, sondern weil wir es nicht wagen, ist es schwer*" (Lucius Annaeus Seneca).

Zusammenfassung

Die Orientierung am Durchschnitt
ist eine gefährliche Sackgasse

Wer Elīna Garanča singen hört oder Lionel Messi Fußball spielen sieht, ist nicht selten geneigt zu sagen: „Was für ein Talent! So etwas hat man, oder man hat es nicht!" Selbst das einstige chinesische Wunderkind und heutiger Starpianist Lang Lang hat auf die Frage „Was ist Talent?" einmal gesagt: „Man hat es oder eben nicht." Aber was ist Talent überhaupt? Und wenn es Talent gibt, worauf ist es begründet? Die Diskussion darüber könnte kaum polarisierender sein und reicht von „Alles ist nur Übung" bis zu florierenden Firmen, die genetische Untersuchungen zur Bestimmung der Talente unserer Kinder anbieten.

Dieses Buch sagt dazu:

1.) Was wir wahrnehmen und messen können, ist nicht Talent, sondern Erfolg. Dafür müssen die individuellen genetischen Leistungsvoraussetzungen des Einzelnen entdeckt und durch harte Arbeit in eine besondere Leistung (= Erfolg) umgesetzt werden. Einmal spielen Gene eine geringe Rolle und ein anderes Mal entscheiden sie aber mit – je nachdem, ob es sich etwa um wissenschaftliche, künstlerisch-musische, sportliche, handwerkliche oder Management-Leistungen handelt. Selbst das Glücklichsein folgt diesem Konzept.
2.) Jeder Mensch weist individuelle Begabungen auf. Der Mensch hat aber auch das Recht, seine Talente zu ignorieren beziehungsweise eventuell fehlende Leistungsvoraussetzungen

durch größeren Einsatz, mehr Begeisterung und andere Begabungen zu kompensieren.

3.) Talente können nicht gewertet werden, da wir nicht wissen, welche Begabungen wir in Zukunft zur Lösung der kommenden Fragen brauchen werden.

4.) Die Erhaltung von höchstmöglicher Individualität ist die einzige Antwort auf Fragen der Zukunft, die wir heute nicht kennen und von denen wir nicht wissen, wann sie auf uns zukommen. Der Durchschnitt ist die größte Gefahr für eine erfolgreiche Zukunft.

5.) Die einzig sinnvolle Überlebensstrategie ist das schöpferische Streben nach dem Neuen und nicht die Reproduktion. Wer einen neuen Weg gehen will, muss den alten verlassen.

Frei nach dem Motto: Gene sind nur Bleistift und Papier, aber die Geschichte schreiben wir selbst. Man muss es uns nur lassen! Keine Geschichte ist es nicht wert, geschrieben zu werden! Die Norm wird endlich obsolet, wenn es unser aller Ziel ist, von der Norm abzuweichen. Wir brauchen Peaks und Freaks!

Danksagung

Ich möchte mich bei unseren beiden Kindern, Anna und Max, dafür bedanken, dass sie meine Gene, Meme und Epigeme erdulden und mir dafür so wertvolle Meme zurückgeben. Lachen ist Gott sei Dank ansteckend. Ohne die stets so kompromisslose Unterstützung und scharfsinnige Kritik meiner Frau Elke wären diese beiden Kinder und dieses Buch nicht zustande gekommen. Danke.

Ich danke weiters all jenen, die mit mir verwandt sind, für das Teilen von Genen, Memen und vielleicht auch Epigemen, und all jenen, die mit mir befreundet sind, für das Teilen von Memen.

Dem Verlagschef Dr. Hannes Steiner und dem Lektorat des Ecowin Verlages danke ich für ihre extrinsische Motivation und den Rotstift.

Viele für das Konzept dieses Buches relevante Gespräche mit Experten haben im Zuge der Arbeit des Think Tanks Academia Superior (http://www.academia-superior.at) stattgefunden. Ich bedanke mich bei den Mitbegründern, Mitstreitern und Mitbegleitern dieses Think Tanks und vor allem bei allen Gesprächspartnern, von denen auch so manche Aussagen im Buch zitiert sind, ganz herzlich.

Das GEN als Einheit der Vererbung auf Ebene der DNA.
Das MEM als Einheit der kulturellen Vererbung.
Das EPIGEM als Einheit der Vererbung epigenetischer Prozesse.

Literatur

Ahmetov I.I., Rogozkin V.A.: Genes, athlete status and training – An overview. Med Sport Sci. 54:43–71, 2009.

Bachner-Melman R. et al.: AVPR1a and SLC6A4 gene polymorphisms are associated with creative dance performance. PLoS Genet. 1:e42, 2005.

Barrero M.J., Izpisua Belmonte J.C.: Regenerating the epigenome. EMBO Rep. 12: 208–15, 2011.

Bischoff C.: Willenskraft. Warum Talent grenzenlos überschätzt wird. Econ Verlag, Berlin 2010.

Blackmore S.: Die Macht der Meme. Oder die Evolution von Kultur und Geist. Spektrum Akademischer Verlag, Heidelberg 2000.

Buckingham M., Clifton D.O.: Entdecken Sie Ihre Stärken jetzt. Campus Verlag, Frankfurt am Main 2002.

Butcher L.M., Kennedy J.K., Plomin R.: Generalist genes and cognitive neuroscience. Current Opinion in Neurobiology, 16: 145–151, 2006.

Bygren L.O. et al.: Longevity Determined by Parental Ancestors' Nutrition During Their Slow Growth Period, Acta Biotheoretica, 49: 53–59, 2001.

Chapman J.A.: The dynamic genome of Hydra. Nature, 464: 592–596, 2010.

Chen Q. et al.: Empathy is moderated by genetic background in mice. PLoS One. 4: e4387, 2009.

Colvin G.: Talent wird überschätzt. Ariston Verlag, München 2008.

Coyle D.: Die Talentlüge. Ehrenwirth Verlag, Bergisch Gladbach 2009.

Darwin C.: Die Entstehung der Arten. Nikol Verlagsges. mbH, Hamburg 2008.

Darwin C., Ridley M.: Darwin lesen. Eine Auswahl aus seinem Werk. dtv Verlag, München 1996.

Dawkins R.: Das egoistische Gen. Jubiläumsausgabe. Spektrum Akademischer Verlag, Heidelberg 2007.

Devlin B. et al.: Intelligence, Genes and Success: Scientists Respond to The Bell Curve. Copernicus Books, New York 1997.

Eberle U.: Was ist Intelligenz? GEOkompakt Nr. 28: 20–29, 2011.

Eibl-Eibesfeldt I.: Der vorprogrammierte Mensch: Das Ererbte als bestimmender Faktor im menschlichen Verhalten. dtv wissenschaft Verlag, München 1984.

179

Ericsson A.K., Roring R.W., Nandagopal K.: Giftedness and evidence for reproducibly superior performance: an account based on the expert performance framework. High Ability Studies 18: 3–56, 2007.

Essex M.J. et al.: Epigenetic Vestiges of Early Developmental Adversity: Childhood Stress Exposure and DNA Methylation in Adolescence. Child Development, Sep 2011.

Fischer C., Ludwig H. (Hg.): Begabtenförderung als Aufgabe und Herausforderung für die Pädagogik. Aschendorff Verlag, Münster 2006.

Frey B.S., Frey Marti C.: Glück – Die Sicht der Ökonomie. Rüegger Verlag, Zürich 2010.

Friedrichs J.: Gestatten: Elite. Hoffmann und Campe Verlag, Hamburg 2008.

Friesl C., Kromer I., Polak R.: Liebe Leiten Hoffen. Die Wertewelt junger Menschen in Österreich. Czernin Verlag, Wien 2008.

Friesl C., Polak R., Hamachers-Zuba U.: Die Österreicher/-innen. Wertewandel 1990–2008. Czernin Verlag, Wien 2009.

Gansterer H.A.: Endlich alle Erfolgsgeheimnisse. Ecowin Verlag, Salzburg 2010.

Gardner H.: Kreative Intelligenz: Was wir mit Mozart, Freud, Woolf und Gandhi gemeinsam haben. Piper Verlag, München 2002.

Gladwell M.: Überflieger. Warum manche Menschen erfolgreich sind – und andere nicht. Campus Verlag, Frankfurt am Main/New York 2009.

Grolle J. (Hg.): Evolution. Wege des Lebens. Goldmann Verlag, München 2008.

Groß M.: Siegen kann jeder. Ecowin Verlag, Salzburg 2011.

Hamer D.: Genetics. Rethinking Behavior Genetics. Science, 298: 71–72, 2002.

Hamer D., Copeland P.: Das unausweichliche Erbe. Wie unser Verhalten von unseren Genen bestimmt ist. Scherz Verlag, Bern 1998.

Henderson M.: Genetik. 50 Schlüsselideen. Spektrum Akademischer Verlag, Heidelberg 2010.

Hengstschläger M.: Kranke Gene – Chancen und Risiken von Gentests. Facultas Verlag, Wien 2003.

Hengstschläger M.: Die Macht der Gene. Ecowin Verlag, Salzburg 2006.

Hengstschläger M.: Endlich unendlich. Ecowin Verlag, Salzburg 2008.

Hengstschläger M.: Begabung und Genetik. In Köhler T. (Hg.): Potenzial und Performanz. Begabungsforschung und Begabtenförderung in Österreich und Mitteleuropa. Studien Verlag, Innsbruck 2008.

Holender I.: Ich bin noch nicht fertig. Erinnerungen. Zsolnay Verlag, Wien 2010.

Jablonka E., Raz G.: Transgenerational epigenetic inheritance: prevalence, mechanisms, and implications for the study of heredity and evolution. The Quaterly Review of Biology 84: 131–176, 2009.

Joch W.: Das sportliche Talent: Talenterkennung, Talentförderung, Talentperspektiven. Meyer+Meyer Fachverlag, Aachen 2001.

Kandel E.: Auf der Suche nach dem Gedächtnis: Die Entstehung einer neuen Wissenschaft des Geistes. Pantheon Verlag, München 2007.

Kegel B.: Epigenetik. Wie Erfahrungen vererbt werden. DuMont Verlag, Köln 2009.

Kogan A. et al.: Thin-slicing study of the oxytocin receptor (OXTR) gene and the evaluation and expression of the prosocial disposition. Proc Natl Acad Sci U S A. 2011.

Köhler T. (Hg.): Potenzial und Performanz. Begabungsforschung und Begabtenförderung in Österreich und Mitteleuropa. Studien Verlag, Innsbruck 2008.

Klement K., Oswald F.: Begabungen entdecken – Begabte fördern. Lit Verlag, Wien 2006.

Lehmann C.: Der genetische Notenschlüssel – Warum Musik zum Menschsein gehört. Herbig Verlag, München 2010.

Markl H.: Wider die Gen-Zwangsneurose. In Wink M. (Hg.): Vererbung und Milieu. Heidelberger Jahrbücher, Springer Verlag, Berlin 2001.

McArthur D.G., North K.N.: ACTN3: A genetic influence on muscle function and athletic performance. Exercise and Sport Sciences Reviews, 35: 30–34, 2007.

McCrae R.R. et al.: Nature or nurture: Temperament, personality and life span development. Journal of Personality and Social Psychology, 7: 173–186, 2000.

Neubauer A., Stern E.: Lernen macht intelligent. Warum Begabung gefördert werden muss. DVA, München 2007.

Neubauer A.: Wahrnehmung mit Sinn. Intelligenzen und Kreativität aus der Sicht der Neurowissenschaften. In Köhler T. (Hg.): Potenzial und Performanz. Begabungsforschung und Begabtenförderung in Österreich und Mitteleuropa. Studien Verlag, Innsbruck 2008.

Oswald F.: Begabtenförderung in der Schule: Entwicklung einer begabungsfreundlichen Lernkultur. Facultas Universitätsverlag, Wien 2002.

Pääbo S. Imagine: an interview with Svante Pääbo. Interview by Jane Gitschier. PLoS Genetics, 4:e1000035, 2008.

Papassotiropoulos A. et al.: A genome-wide survey and functional brain imaging study identify CTNNBL1 as a memory-related gene. Mol Psychiatry. 2011.

Pink D.H.: Drive. Was Sie wirklich motiviert. Ecowin Verlag, Salzburg 2009.

Plomin R., DeFries J.C., McClearn G.E., Ruttner M.: Gene, Umwelt und Verhalten. Einführung in die Verhaltensgenetik. Verlag Hans Huber, Bern 1999.

Plomin R., Spinath F.M.: Intelligence: genetics, genes and genomics. Journal of Personality and Social Psychology, 86: 112–129, 2004.

Pulli K. et al.: Genome-wide linkage scan for loci of musical aptitude in Finnish families: evidence for a major locus at 4q22. J Med Genet. 45: 451-6, 2008.

Radtke K.M. et al.: Transgenerational impact of intimate partner violence on methylation in the promoter of the glucocorticoid receptor. Translational Psychiatry, July 2011.

Rankinen T. et al.: Advances in exercise, fitness, and performance genomics. Med Sci Sports Exerc. 42: 835–46, 2010.

Rath T.: Strengths finder 2.0. Gallup Press, New York 2007.

Reichholf S.H.: Wozu braucht die Welt Zigtausende verschiedener Schnecken? In Grolle J. (Hg.): Evolution. Wege des Lebens. Goldmann Verlag, München 2008.

Reimann-Höhn U.: Welche Talente und Begabungen hat Ihr Kind? Herder Verlag, Freiburg im Breisgau 2007.

Resch F., Möhler E.: Wie entwickelt sich die kindliche Persönlichkeit? Beiträge zur Diskussion um Vererbung und Umwelt. In Wink M. (Hg.): Vererbung und Milieu. Heidelberger Jahrbücher, Springer Verlag, Berlin 2001.

Ridley M.: Nature Via Nurture: Genes, Experience and What Makes Us Human. Harper Collins, New York 2003.

Rost D.H.: Intelligenz: Fakten und Mythen. Beltz Verlag, Weinheim 2009.

Roth G.: Gene und Erziehung. Interview. GEOkompakt Nr. 28: 60–70, 2011.

Salcher A.: Der talentierte Schüler und seine Feinde. Ecowin Verlag, Salzburg 2008.

Sarrazin T.: Deutschland schafft sich ab. Wie wir unser Land aufs Spiel setzen. Deutsche Verlags-Anstalt, München 2010.

Schuler H., Görlich Y.: Kreativität: Ursachen, Messung, Förderung und Umsetzung in Innovation. Hogrefe Verlag GmbH + Co, Göttingen 2006.

Siefer W.: Das Genie in mir. Warum Talent erlernbar ist. Campus Verlag, Frankfurt am Main/New York 2009.

Sinkovicz W.: Franz Welser-Möst. Kadenzen. Notizen und Gespräche. Styria Verlag, Wien 2007.

Spitzer M.: Lernen: Gehirnforschung und die Schule des Lebens. Spektrum Akademischer Verlag, Heidelberg 2002.

Spork P.: Der zweite Code: Epigenetik oder wie wir unser Erbgut steuern können. rororo Verlag, Reinbek 2010.

Syed M.: Was heißt schon Talent? Riemann Verlag, München 2010.

Theusch E., Gitschier J.: Absolute pitch twin study and segregation analysis. Twin Res Hum Genet., 14: 173–178, 2011

Tervaniemi M.: Musicians – same or different? Ann N Y Acad Sci., 1169:151–6, 2009.

Thompson W.R., Binder-Macleod S.A.: Association of genetic factors with selected measures of physical performance. Physical Therapy, 86: 585–591, 2006.

Weilguny W.M., Resch C., Samhaber E., Hartel B.: Weißbuch Begabungs- und Exzellenzförderung. Eigenverlag: Österreichisches Zentrum für Begabtenförderung und Begabungsforschung, Wien 2011.

Weinert F.E.: Begabung und Lernen: Zur Entwicklung geistiger Leistungsunterschiede. In Wink M. (Hg.): Vererbung und Milieu. Heidelberger Jahrbücher, Springer Verlag, Berlin 2001.

Weiß B.: Das Atelier im Kopf. Erforschung der Kreativität. GEOkompakt Nr. 28: 128, 2011.

Wink M. (Hg.): Vererbung und Milieu. Heidelberger Jahrbücher, Springer Verlag, Berlin 2001.

Univ.-Prof. Mag. Dr. Markus Hengstschläger

Der gebürtige Oberösterreicher promovierte im Alter von 24 Jahren mit Studien-verkürzung und Auszeichnung als Universitätsassistent am Vienna Biocenter zum Doktor der Genetik. Mit einem Erwin Schrödinger Stipendium verbrachte er danach einen Forschungsaufenthalt an der Yale University in den USA. Hengstschläger hat eine abgeschlossene Ausbildung zum Fachhumangenetiker, wurde mit 29 Jahren a.o. Univ.-Prof., und 35-jährig wurde er zum Universitäts-professor für Medizinische Genetik berufen. An der Medizinischen Universität Wien ist er Vorstand des Instituts für Medizinische Genetik und betreibt Grund-lagenforschung (Entdeckung von Stammzellen im Fruchtwasser, Erforschung der Erbkrankheit Tuberöse Sklerose etc.), Lehre und ist für die Erstellung von gene-tischen Befunden am Menschen verantwortlich.

Er bekam eine Vielzahl wissenschaftlicher Preise und Ehrungen, wurde von Studenten und Kollegen mehrfach für seine Lehrtätigkeit ausgezeichnet, ist Autor zahlreicher Publikationen in internationalen Top-Journalen und ist im Editorial Board mehrerer internationaler Journale. Hengstschläger ist Mitglied vieler Wis-senschaftsgesellschaften, stv. Vorsitzender der Bioethikkommission des österrei-chischen Bundeskanzlers, wissenschaftlicher Leiter des Think Tanks Academia Superior, Mitglied der österreichischen Gentechnikkommission, des Wiener Bei-rats für Bioethik, des Beirats des Instituts für Ethik und Recht der Universität Wien, des österreichischen Rats für Forschung und Technologieentwicklung und war auch Gründungsmitglied des Hochschulrats der Pädagogischen Hochschule Wien und Mitglied der Päpstlichen Akademie für das Leben im Vatikan. Sein Bestseller „Die Macht der Gene" wurde mit dem „Goldenen Buch" ausgezeich-net und von den LeserInnen zum beliebtesten Sachbuch aus dem Bereich Wissen gewählt. Sein weiterer Platz-1-Bestseller „Endlich unendlich" wurde auch mit einem Buchliebling-Preis ausgezeichnet. Einer breiten Öffentlichkeit ist Hengst-schläger außerdem bekannt als Moderator der ORF-Ö1-Wissenschaftssendung „Radiodoktor – Gesundheit und Medizin".

Markus Hengstschläger im ecowin Verlag:

„ENDLICH UNENDLICH"
192 Seiten, gebunden, 2008

„DIE MACHT DER GENE"
176 Seiten, gebunden, 2007
Derzeit als Piper Taschenbuch erhältlich.

Leserinnen / Lesern dieses Buches könnten auch folgende bei uns erschienene Bücher gefallen:

Eugen Maria Schulak / Rahim Taghizadegan
„VOM SYSTEMTROTTEL ZUM WUTBÜRGER"
156 Seiten, gebunden, 2011

Daniel H. Pink
„DRIVE"
240 Seiten, gebunden, 2010

Uwe Böschemeyer
„DU BIST VIEL MEHR"
216 Seiten, gebunden, 2010

Michael Groß
„SIEGEN KANN JEDER"
300 Seiten, gebunden, 2011

Andreas Salcher
„DER TALENTIERTE SCHÜLER UND SEINE FEINDE"
224 Seiten, gebunden, 2008

Umschlag und Ideen:
kratkys.net

Ecowin wurde 2003 als unabhängiger
Verlag gegründet.

Wir konzentrieren uns auf spannende
Autoren und spannende Themen, die zu
Meinungsvielfalt, Diskurs und gesell-
schaftlicher Entwicklung wichtige Beiträge
leisten.

Als österreichischer Verlag produzieren
wir von Beginn an ausschließlich umwelt-
freundlich in Österreich.

Wir investieren in langfristige Beziehungen
mit unseren Autoren, Produzenten und
Buchhändlern.

Nichts ist für uns spannender als das
nächste neue Buch.

HANNES STEINER
VERLEGER